Il n'existe pas une nation tchécoslovaque, il n'existe pas une majorité tchèque ou morave ; une égalité absolue doit revenir aux nationalités formant la majorité jusqu'ici oppressée par les tchéques.

ns : — Légende :

Polish
Polonais

Russinsko and Ruthenian
Pétit-russes et Ruthénes

Roumanian
Roumains

Göncz József – Bognár Béla

SZÉP FELVIDÉKÜNK
II

ÉLJEN A HAZA!

KORDOKUMENTUMOKON ÉS
TÖRTÉNELMI KÉPESLAPOKON

Göncz József – Bognár Béla

SZÉP FELVIDÉKÜNK
II

ÉLJEN A HAZA!

KORDOKUMENTUMOKON ÉS
TÖRTÉNELMI KÉPESLAPOKON

A SOROZAT NYOLCADIK ALBUMA

© Göncz József 2006.
© Bognár Béla 2006.

ISBN: 978-963-86868-6-2

FŐHAJTÁSSAL AZ OTTMARADOTTAKNAK

Köszönetet mondunk Laborcz György Péternek.

A SZERZŐK EDDIG MEGJELENT KÖTETEI:
Szép Erdélyünk
Szép Erdélyünk II – Éljen a haza!
Szép Erdélyünk III – Receptek és vendéglők
Szép Erdélyünk IV – Erős várak, büszke kastélyok
Szép Felvidékünk
Szép Délvidékünk
Szép Várvidékünk – Unser Schönes Burgenland
Sopron vármegye képeslapokon 1896-1945
Sopron a vármegyeszékhely
Vendéglátás és szórakozás Sopron vármegyében
Kastélyok, várak, kúriák Sopron vármegyében
Kereskedelem Sopron vármegyében dokumentumokon és képeslapokon
Sopron vármegye ipara dokumentumokon és képeslapokon
Emlékek, események Sopron vármegyében
Templomok és iskolák Sopron vármegyében
Közlekedés Sopron vármegyében

Kiadja a Szép Sopronunk Kiadó KFT – Sopron
Felelős kiadó: Göncz József

Nyomdai előkészítés: B.K.L. Kiadó (Koltai János) – Szombathely

Nyomdai munkák: Sába Druck Sárvár, 2006

FŐNIXKÉNT SZERETNÉNK LÁTNI!

Volt egyszer egy Felvidék! A régmúlt, a XIX. századi Felvidék ma már nem létezik, csak Mikszáth elbeszéléseiben, a sárgult daugerotípiákon, a fényírdai levelezőlapokon, vagy az ezüstoxidtól megfeketedett fényképeken, postai bélyegeken és bélyegzőkön köszönt vissza. Ez a múlt, a nyomon követhető múló idő, mint a kihunyóban lévő egyetlen, természetes elven működő magyar, vagy inkább kárpát-medencei gejzír, melyet Zsigmondy Vilmos bányamérnök 1869 és 1875 között fúrt Herlán (Ránkherlán) fürdőben, Sáros-Eperjes közelében. A valamikor sokak által látogatott helyen már réges-rég nincs közfürdő, sem kádfürdő, a gejzírhez vezető fasort is kivágták már.

A Felvidék egy szívünkbe zárt álomkép. A XXI. század elejének Felvidék-képe semmiben sem hasonlít a „boldog békeidők" Felvidékére.

A békebeli Felvidéken volt az a Dobsina, ahol a Pestet Budával összekötő első épített kárpát-medencei Duna-híd, a Láncz-híd darabjait készítették.

Losonczon működött a dél és észak árucseréjének legfontosabb kárpát-medencei intézménye, a gyapjú-börze, együtt a korabeli Magyarország legnagyobb búza piacával. Itt alussza örök álmát Ráday Pál, a nagyságos fejedelem kancellárja, és itt valósították meg mindenkitől hamarabb a református Szilassyak a zsidók egyenjogúsítását.

Körmöcz is Felvidék volt, innen származik a varázslatos „körmöcöl" szavunk, valamint Szent István aranydénárjának érce. Selmecz-bánya is Felvidék volt, ahol nem csak ezüstpénzeinknek és a réz libertásoknak a nyersanyagát hozták felszínre a föld gyomrából, hanem itt diákoskodott Petőfi Sándor is.

Felvidék volt a Trencsén vármegyei Pruzsina is, ahol Baross Gábor vas(út)miniszter született, akinek vaspályáit máig használjuk Fiumétől a jablunkai hágóig, Hatvantól Ruttkáig és Kassától Oderbergig. Rozsnyó is Felvidék volt, a Rima-Murányi részvénytársaság nyersanyag-ellátó központja, és Szklabonya is, ahol Mikszáth született, és Sztregova, ahol Madách Imre, és életének fő műve, az Ember tragédiája látta meg a nap világát, meg Bussa, ahol magyarnak született Zsélyi Aladár, a helikopter ősének megtervezője, a pozsonyi Segner János András kerekének működési elve alapján.

Felvidék volt a fehér asszony Lőcséje, a Magas Tátra törmelékszoknyáján épült grandhotelek vagy az új-tátrafüredi Szontagh szanatórium és híres szakácsának, Csáky Sándornak írott életműveként ránk maradt szakácskönyve, de az álmodozó és apokaliptikus Losonc-gácsi patikus Csontváry véletlenül megmaradt festményei. Igen, ez mind Felvidék volt, és lélekben ma is az, meg hát az egész nemzet értéke.

De Felvidékre, ebben az esetben a „tót-vidékre" vonatkozott a Felvidéki Magyar Közművelődési Egyesület tevékenysége is, ami – lássunk tisztán – nem csak a magyar szellemi élet felvirágoztatására volt hivatott, hanem a pánszlávizmus elnyomására, és a tót nyelv visszaszorítására is.

Álljt kell parancsolni a felsorolásnak, mert elveszíthetjük tájékozódási képességünket. A Felvidék, Felső Magyarország, Bányavidék, Tót-vidék csak földrajzilag rokoníthatók – szellemiségük eltérő.

A Felvidék ma, vagyis 1920 óta alig azonosítható a korábbi fogalmakkal és emlékekkel. A Felvidék ettől fogva a magyar élet számára a küzdelmet, a leépülést és a hiú reményeket jelenti. Nem csak az 1919 telén a sortűz áldozataivá lett pozsonyi magyar munkásokat, és az Apponyiak aponyi (Oponice) kastélyában lévő 26 ezer kötetes könyvtárának vesztét, de jelenti a gömöri kúriák enyészetét, a leleszi premontreiek szellemi építkezésének megcsonkítását, a rima-murányi részvénytársaság tönkretételét, a sok tíz vagy százezer magyar munkanélkülit, a Galánta környéki, azaz a Mátyus-földi korabeli modern mezőgazdasági termelés felszámolását, és sok más értéke megsemmisülését. De jelenti az 1938-ban és 1939-ben fellángoló reményt is, ami abból fakadt, hogy a határ-kiigazítással ismét létrejöhet a rend. Bár 1920-ban maradt volna ennyink, – a magyarok nagy többsége belenyugodott volna trianoni sorsába!

Ezt a megállapítást lehet, hogy kérdő-mondatként kellene leírni, mert a háború előszelében sokan kételkedtek az érzés hitelességében és az eredmény maradandóságában. Ezért nem csak küzdelmet, újrakezdéseket, hanem az enyészet-érzés előrenyomuló hullámát is jelenti a Felvidék. 1938 őszén az időjárás enyhe volt, talán a földönkívüliek kacér üzeneteként vagy késői kihívásaként. Tavaszi ruhában rengeteg virággal ünnepelhette a visszacsatolást a felvidéki magyarság. Nem csak a történelem pillanatnyi fuvallata, de az ég is kegyes volt hozzánk, ünneplőkhöz. Akárcsak 1956 októberének végén, amikor szintén „tavasz lett az őszünk". Így éreztük Felvidéken is.

A **Felvidék** azonban egyre inkább válik leegyszerűsödött politikai fogalommá, noha az ott élőknek – és az onnan elszármazottaknak, akiknek elődjei ott temetkeztek – ez a vidék jelenti mindörökre a szűkebb pátriát, eredetük helyét, ezt tekintik szülőföldnek, a haza csírájának!

A Felvidék mai alakja egy 20. századi valóság, Trianon következménye. A létező, Maradék-Magyarország trianoni határaitól északra, a mai Szlovákia és Ukrajna területén élő magyarok Felvidék-képe, a 20. század során egyre kevésbé, és a 21. század fordulóján már végképp nem Pőstyén-fürdő iszap-pakolásaiban, sem Beckó, Trencsén vagy Szepes várának csodálatos építészi kiképzésében, nem a szepesség kultúrtörténeti csodáiban, a Kárpátok bérceinek csillogásában és fenyveseinek suttogásában testesül meg. Nem oly módon jelenik meg ez az érzés, mint Petőfi versében a „csodállak ám, de nem szeretlek" újhitű nemzetszemlélete, hiszen a sorsközösséget minden felvidéki magyar most is vallja. Csak az ott élőkkel vállalható politikai közösségérzés változott meg.

A **felvidék-érzet ma** inkább Kodály galántai táncaiban, az árpádkori templom-maradványok és a korai gótika csallóközi, Mátyus-földi, Garam- és Ipoly-menti valamint gömöri emlékeiben, a kassai Szent-Erzsébet székesegyházban, Balassi Bálint költészetében, Zrínyi Ilona hősiességében, a Dobóruszkán nyugvó egri várkapitány Dobó Istvánban, a gályarabságra elhurcolt kálvinista lelkészek sorsában, az első magyar szabadságharcban érdemesült nagyságos fejedelem példamutatásában, az 1849. évi tavaszi hadjáratban, a „48-as" emlékekben, az első világháborúnak a történelmi magyar hazáért vérüket ontott hősi halottak emlékének tiszteletében, Mécs László verseiben, az Esterházy család és főleg János gróf példamutató, mártír magatartásában, a „stószi remete" Fábry Zoltán „non-kompromisszumában", a szlovákok és a magyarok történelmi együttélési kényszerültségében, társnemzeti sorsközösségünk tudatosodásában, de az elszakított magyarság kisemmizettségében, üldözöttségében, kiszolgáltatottságában, megtagadottságában testesül meg.

A **felvidék-érzet** ma, ma, egy olyan múlt-tisztelet és jelenvalóság, ami a lelki hazától elidegeníthetetlen szülőföldhöz és földrajzi egységhez kapcsolódik, telve fájdalommal, küzdelemmel, reménységgel és hittel.

Mi a boldog Felvidéket szeretnénk ma, újraéledő Főnixként látni. Megismételhető-e, a XXI. századi viszonyok között az ókori legenda?

Duray Miklós

LELES. Rim. kat. kostol.
LELESZ. Prem. rendház és templom.

1213 LELESZ – LELES

A Zemplén vármegyei településen már a XII. században premontrei prépostság működött. 1213-ban felesége, Merániai Gertúd megölése után a leleszi templomban helyeztette el a királyné szívét II. András királyunk.

1388 BOLONDÓC – BECZKÓ – BECKOV

1388-ban Zsigmond király adományaként lett, már a honfoglalás korában ismert erősség Stibor vajdáé. A lengyel származású lovag Nagy Lajos közös uralkodása (lengyel-magyar) idején lett hű szolgálója a magyar koronának. Az erdélyi vajdaság mellé adományként kapott felvidéki várakat. Bolondóc várát pazar lovagi pompával díszítették. A legenda szerint Stibor bolondjáról nevezte el a várat Beczkó-Buczkónak (a mese másik ága szerint Kinizsi bolondját is Buczkónak hívták). A kihalt Stibor famíliáról a Bánffyaké lett. A várat sem huszita, sem török el nem foglalhatta. Tűzvész végzett vele 1729-ben.

STIBOR
1347 † 1414
BECZKÓ

BECZKÓI-VÁRROM. SCHLOSS-RUINE BECZKO.

Óublói vár a 18. században

1412 ÓLUBLÓ – STARÁ ĽUBOVNA

1412. november 8-án kötötte meg Luxemburgi Zsigmond magyar király V. László (Vladislav) lengyel királlyal (egyébként unokatestvérével) azt a szerződést, miszerint 11 szepességi város és 5 más település a lengyel királynak 88 000 arany gulden kölcsön biztosítékként zálogba adatott. A lengyel királyságban az un. „11 város grófsága" különleges státuszt kapott, a Szepesszombatot, Szepesváralját, Podolint magába foglaló terület Lengyelország szétesése folytán 1772. november 5-én tért vissza Magyarországhoz. A vár urai a lengyel mágnás Zamosky család tagjai voltak.1665-61 között a várban őrizték a lengyel koronaékszereket. 1918 őszén a városban lengyel nemzeti tanács alakult, a település mégis Csehszlovákia része lett. 1938. október 2-án a bécsi döntés szerint Tseschin városa néhány szepességi faluval Lengyelországhoz került. Ez Lublót már nem érintette.

1462
SZEPESVÁRALJA – SPIŠSKÉ PODHRADIE

1462-ben szerezte meg Magyarország legerősebb középkori várának tulajdonát a Szapolyai család. A Vencel-hívők és Károly Róbert, a husziták és Zápolyák vívta vár a felvidéki kultúra és építészet otthona volt. 1487-ben itt született (Szapolyai) I. János magyar király. 1780-ban villámcsapás okozta tűzvész pusztította el a várat. 1918-ig Szepes vármegye szepesváraljai járásának volt a székhelye.

SZEPESI VÁR 1772-böl

1473
CSÜTÖRTÖKHELY – SPIŠSKÝ ŠTVRTOK

Zápolya – vagy Szapolyai – István nádor 1473 körül emeltette a csütörtökhelyi kápolnát. A magyarországi gótika egyik legszebb alkotásának építője feltehetően Kassai István volt. Az építtető fiát I. János magyar királyt Székesfehérvárra temették. A kápolnát a XIX. század végén Schulek Frigyes restaurálta.

1479
BESZTERCEBÁNYA – BANSKÁ BYSTRICA

A templomerődhöz kapcsolódó épület a királyi kamaraispán lakhelye volt. Gyakori besztercebányai látogatásai során itt szállt meg Mátyás király. Az uralkodói jövetelre okot az adott, hogy a városban és környékén kapott birtokot Borbála asszony, Mátyás boroszlói (Breslau, Wroclaw) szerelme. Jó királyunk Nápolyi Beatrix feleségül vétele után sokszor utazott ide házsártos neje elől (mert mint tudjuk, rövid az öröm és hosszú a kínlódás).

1490
LŐCSE – LEVOČA

1490-ben vásárolta meg
Thurzó János bányavál-
lalkozó Corvin Jánostól,
Mátyás király természetes
fiától azokat a beszterce-
bányai nemesfém lelőhe-
lyeket, melyeket Corvin
édesanyja, Boroszlói Bor-
bála a királytól kapott.
Az 1437-ben Betlenfal-
ván született Thurzó ve-
lencei tanulmányai során
ismerkedett meg a ne-
mesfém-feldolgozás új
fortélyaival. Az elvizese-
dett magyarországi szí-
nesfém bányákban vízke-
rék (ősszivattyú) alkal-
mazásával a kitermelést

ismét növelni lehetett. 1495-ben Besztercebányán fémkohót építtetett. Szövetsége az augsburgi Fugger családdal a csatlakozást jelentet-
te az európai nemesfém monopóliumhoz. A Fuggerek törekvése a színesfémpiac árainak diktálására a salzburgi ezüstbányák megszerzé-
sével lett nyilvánvaló. Ezután szívesen házasodtak össze magyarországi partnerükkel. Thurzó János megszerezte a körmöci főkamara gró-
fi címet. Kezdeményezője volt az első magyarországi bányászati szociális intézménynek, a „körmöci bányaládának".
A XV. század végén építtette Lőcsén azt a reneszánsz palotát, ahonnan 1508-ban a lőcsei Szent Jakab templomba temetni vitték. 1626
után a Thurzó család kihalt.
Az 1710-ben játszódó „Lőcsei fehér asszony" című regényében Jókai „főurak beszállójaként" említi az épületet. 1910-ben Csáky Vidor,
az akkori tulajdonos restauráltatja.
A gazdagság oka:
Besztercéről – réz,
Selmecről – ezüst,
Körmöcről – arany,
Jóistentől – kegyelem – mondták a XIX. század végén.

Borbála-kápolna a vártemplomban

Üdvözlet Beszterczebányáról. Sok csók Margittól

172. Kiadja Lehnitzky O. fénynyomdája Beszterczebányán.

1509
BESZTERCEBÁNYA – BANSKA BYSTRICA

A XIII. századból származó Szűz Mária plébániatemplom kincse az 1509-ben Lőcsei Pál mester által készített Borbála kápolna. Szent Borbála a bányászok, tüzérek, építészek védőszentje volt.

1554   ZÓLYOM – ZVOLEN

1554-ben tehetős főnemesi család sarjaként Zólyom várában született Balassi Bálint. 1594-ben Esztergom ostrománál hősi halált halt a középkori magyar szerelmi költészet hőse.

„Eredj édes gyűrűm, majd jutsz asszonyodhoz
Ki viszen téged csókolni szájához
Ó, hogy nekem ahhoz
Nem szabad most mennem én vigasztalómhoz

Foglaljon engemet szinte úgy magához
Miképpen ez gyűrűt foglalták gyémánthoz
Ne hajoljon máshoz
Legyen igaz hozzám, mint hív szolgájához"

Zólyom vára

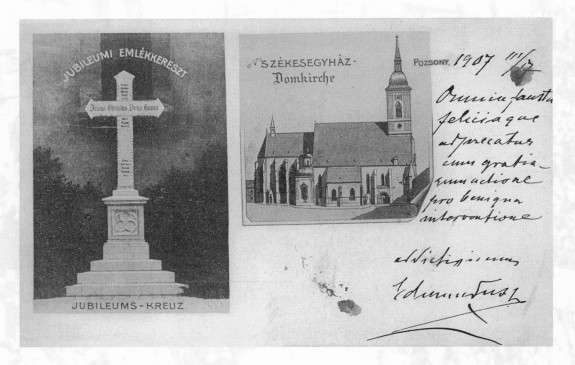

1563   POZSONY – BRATISLAVA

A pozsonyi Szent Márton dómban koronázták magyar királlyá I. Miksát, Ferdinánd császár és király fiát 1563-ban. 1830-ig, V. Ferdinánd megkoronázásáig 11 királyt és nyolc királynét emeltek itt Magyarország uralkodójává.

1566   NAGYSZOMBAT – TRNAVA

A török elől menekülő nemesek és intézmények által elmagyarosított várost 1566-ban pusztító tűzvész rombolta le. A romos városból a jezsuiták Turócba költöztek.
1683-ban a várost elfoglaló Thököly vitézek óvatlansága folytán égett le a város jelentős része.

SZÉP FELVIDÉKÜNK II – ÉLJEN A HAZA!

1611   CSEJTE – ČACHTICE

1611-ben fogták pörbe Báthory Erzsébetet. A törökverő hős Nádasdy Ferenc (a fekete bég) özvegyét szolgálólányok vérének ivásával, abban való fürdéssel és számtalan, a középkori fülnek ínyencfalat boszorkánysággal vádolták meg. A cselédjeivel kétségkívül nem kesztyűs kézzel bánó asszonyból így lett a jobbágyok vérét szívó kizsákmányoló jelképe, sőt egyeseknek a szlovák jobbágyok vérét szívó magyar kizsákmányoló jelképe. A Báthory Erzsébetre kínvallatás hatására terhelő vallomást tevő szolgákat máglyán elégették, úrnőjüket a csejtei várba történő bezárásra ítélték. Itt halt megy az asszony őrülten, 1614. augusztus 21-én.

1687   EPERJES – PREŠOV

A felvidéki városok – így Eperjes is – többször cseréltek gazdát a kuruc- ill. vallási háborúk során. Az események a terület gazdasági jelentőségének gyengülését okozták. 1687 elején Eperjes katonai parancsnoka, hogy példát statuáljon, 24 gazdag polgárt fogott el, Thököly titkos támogatásának vádjával. A rabokat a képen látható börtönben szadista módon megkínozták, majd kivégezték. A pártütés gyanújába csomagolt vallási türelmetlenség és politikai kincsvadászat országos felháborodást okozott.

1703   II. RÁKÓCZI FERENC

1676. március 27-én a Sátoraljaújhelytől 3 kilométerre lévő borsi kastélyban született II. Rákóczi Ferenc. Az anya, Zrínyi Ilona Regécről Munkácsra utaztában szülte meg, a rossz utakat valószínűleg elunó gyermeket. Az épületszárnyat, ahol a későbbi fejedelem született, már elbontották.

Az első említése a Rákóczi névnek az Aranybulla idejéből való. 1517-ben Rákóczi Zsigmond megszerezte a család sasfészkét Felsővadászt, mely jól mutatja a Rákócziak felemelkedő csillagát. Egy másik Rákóczi Zsigmond, Bocskai uralma idején Erdély fejedelmi kormányzója (1608-ig élt). Házasságai az előkelő Gerendi, majd Telegdi családdal a rangos kapcsolatokat biztosítják. A következő generációk, I. Rákóczi György fejedelemsége (és házassága Lórántffy Zsuzsával), majd a fiú, II. Rákóczi György (és házassága Báthory Zsuzsával) az európai uralkodó elittel biztosítják a kapcsolatot. II. Rákóczi György elesett a szászfenesi csatában, fiát I. Rákóczi Ferencet megválasztották Erdély fejedelmévé.

Anyja, Báthory Zsuzsa fordít a sorsukon és kiegyezik a császárral. Így I. Rákóczi Ferencet megválasztják, de nem uralkodik. Visszavonul felvidéki birtokaira – ekkor kezdi el építtetni a zboró-i kastélyt. Belekeveredik ugyan a Frangepán összeesküvésbe, erős kezű anyja azonban 400 000 aranyért kegyelmet vásárolt neki. Zborón érte a halál 1676-ban. (Tíz évvel főúri házasságának megkötése után Zrínyi Ilonával). A kastélyt az oroszok 1914-es betörésük során lerombolják.

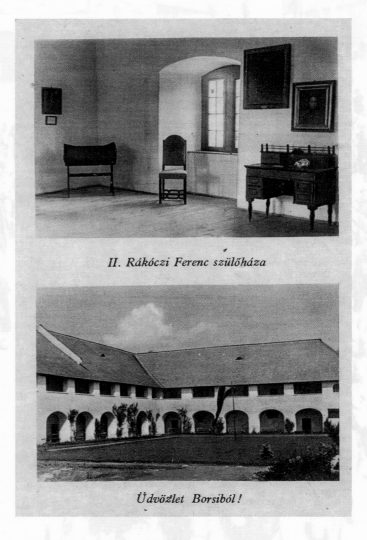

II. Rákóczi Ferenc szülőháza

Üdvözlet Borsiból!

Sarolta Amália hesszeni hercegnő
II. Rákóczi Ferenc neje.

Az 1676-ban elözvegyült Zrínyi Ilona a 14 évvel fiatalabb kuruc vezér, Thököly Imre oldalán új férjre talált. Thököly a 8 éves Rákóczi Ferencet magával viszi az 1683-84-es Bécs elleni hadjáratra. 1686-88 között Rákóczi az édesanyjától tanulja a hadviselést Munkács védelme során. A vár feladása után jezsuita gimnáziumban tanul '90-ig, ezután a prágai egyetemen. 1690-ben Thököly két elfogott császári tábornokért cserébe éri, hogy Zrínyi Ilonát utána engedjék Törökországba. 1694. június 3-án Rákóczi feleségül veszi Sarolta Amália hesseni hercegnőt (a hölgy rokonsága a francia királyi családdal éppúgy ismert volt, mint a tény, hogy ereiben Árpád vére folyt). A házasság első gyümölcse Lipót György 1696-ban született. Meghalt 4 évesen. A második gyermek is fiú lett.

– József György 1700. augusztus 17-én született. Az apjától elválasztott gyermek Rákóczi halála után két évvel jutott el Rodostóba, ahol a bujdosók nagy tisztelettel fogadták. A Rákóczi-fi a pestis áldozata lett, leánya Jozefa Sarolta egy párizsi kolostorban halt meg.

– György a harmadik fiú 1701-ben, Rákóczi elfogásának évében született. Vele 1727-ben találkozott először az apja. Az anya, Amália Sarolta a szabadságharc idejét egy kolostorba zárva töltötte. 1722-ben halt meg Párizsban, 43 évesen. 1735-ben Rákóczi végrendelete szerint szívét halála után Párizsba vitték és felesége mellé temették.

Egy érdekesség: a '48-as forradalom egyik hős tábornoka Leiningen-Westerburg a fejedelmi hitves rokona volt. 1698-tól Rákóczi visszatér birtokaira. Munkács elestétől a Rákóczi uradalmakat nyolc császári ezred tartotta megszállva. A fosztogatás, rablás elszegényítette a területet.

II. Rákóczi Ferenc fiai

József herceg.

György herceg.

II. RÁKÓCZI FERENC
elfogatásának szinhelye
Nagysároson.

Visszatérése után Rákóczi hivatalba lép, mint Sáros vármegye főispánja. Uradalmai központjául az Eperjeshez közeli Nagysárost teszi. Belesodródik egy kissé amatőr francia konspirációba, leveleinek hozója-vivője egy bizonyos Longueval elárulja. 1701. április 18-án hajnalban a kastélyba betörő katonák az ágyában elfogják, letartóztatják és a bécsújhelyi börtönbe szállítják. Anyai nagyapját itt fejezték le a Frangepán összeesküvésben való részvétele miatt.

1701. november 8-án megszökik a börtönből. November 10-én Poprádon már a lótakaróját kell elzálogosítania, hogy tovább jusson. November 11-én érkezett az akkoriban Lengyelországhoz tartozó szepességi Podolinba. Itt a piaristáknál szállt meg (csaknem 200 év múlva itt tanult Krúdy Gyula) és misealapítványt tett szerencsés megmenekülésének emlékére. November 24-én már Varsóban tárgyalt.

Podolin – Róm. kath. templom

SZÉP FELVIDÉKÜNK II – ÉLJEN A HAZA!

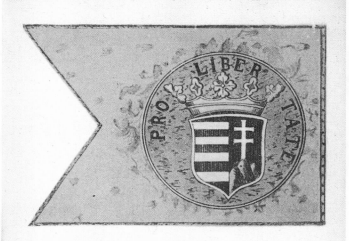

II. Rákóczi Ferenc zászlója.

Rákóczi 1701. novemberétől a lengyel királlyal Varsóban tárgyalt a lengyel-magyar personalunióról és Szilézia elfoglalásáról. A franciák támogatnák a terveket – és mindent, ami az osztrákokat csiklandozza. Az előkészületeket a lengyel-svéd háború zavarja meg, aminek során a svédek katonakirályuk XII. Károly vezetésével Lengyelország 80%-át elfoglalják. Rákóczi nehéz helyzetbe kerül: a lengyel támogatásra nem számíthat, otthonról viszont a felkelés előkészületeiről tájékoztatja 1703. márciusában Papp Mihály munkácsi nemes és Bige László kuruc hadnagy. Az ismételt sürgetésre a fejedelem zászlókat küld a felkelőknek május 12-én.

Brzeznan-ban kiadott kiáltványában a zászlók alá hív mindenkit, a haza sérelmének az orvoslására. A zászló egyik oldalán a fejedelem címere és neve kezdőbetűi, a másik oldalon a jelmondat: Cum Deo Pro Patria Et Libertate (Istennel a Hazáért és a Szabadságért). A lobogót május 21-én Tarpán, május 22-én Beregszászon tűzik ki.

II-ik Rákóczi Ferencz zászlóbontása 1703. év tavaszán Beregszász város piaczterén.

1704   TARDOSKEDD – TVRDOŠOVCE

Az Érsekújvártól 10 km-re fekvő településen emlékmű jelöli a helyet, ahonnan Bercsényi Miklós három fontos levelet is intézett II. Rákóczi Ferenchez. A hadihelyzetet ismertető levelek 1704. október 30-án íródtak. A Szűz Mária és Rákóczi képével díszített oszlop a tardoskeddi Újtemetőben található.

1708   TRENCSÉN – TRENČÍN

1708. augusztus 3-án a trencséni várat ostromzárral fenyegető kuruc sereg és a császári Heister generális vezette csapatok vívtak itt – a magyarokra nézve végzetes kimenetelű – ütközetet. Először álltak kiválóan felszerelt, jól kiképzett kurucok harmadannyi labanccal szemben. Sajnos a magyarok hadvezetése, sőt a nagyságos fejedelem katonai tudása kevésnek bizonyult a győzelem kivívásához. A kép a vár és a város kinézetét mutatja a csata idején.

1714   LŐCSE – LEVOČA

Sokan emlékeztek úgy, hogy a lőcsei szégyenketrec lakója volt Korponay Jánosné, született Garamszegi Géczy Júlia is, a lőcsei fehér asszony. A kuruc és labanc frontok közé került szépasszony, tábornoki dunnák fodrozója, Lőcse elárulója, kuruc édesapja megmentője, bármelyik címkével illethető. Jókai Mór regényében szépen ír a gyermeke gazdagságáért akár hazáját is adó nőről. A bonyolult lelkeket azonban a hatalom sem szereti. Júlia fejét a bakó 1714. szeptember 25-én, fél tizenegykor a győri (mai nevén) Széchenyi téren csapta le. A ketrecbe pedig 1850-ben zárták az utolsó megszégyenítendő, forró pendelyű menyecskét.

XVIII. SZ.   KASSA – KOŠICE

A premontrei rend megjelenése Kassa környékén a XII. század végére tehető. A rend működését támogató királyi ajándékok IV. Bélától Zsigmondig terjednek. Kassa városa jövedelmező bányászati együttműködést folytatott a renddel.

1660-ban a jezsuiták alapítottak iskolát Kassán. 1773, a rend feloszlatása után világi tanárok irányították az iskolát. 1802. március 1-jétől a Kassa városával jó viszonyt ápoló premontrei rend vette át az oktatást. 1909-ben az épületet elkobozták és szlovák tannyelvű gimnázium nyílt az épületben. 1938. november 10-től szlovák-magyar vegyes tannyelvű iskola működött 1945-ig.

A kassai premontrei főgimnázium Mária-egyesülete.   Társalgás a heti gyűlés elején.

SELMECBÁNYA — Szent Háromságltárna

1735   SELMECBÁNYA – BANSKÁ ŠTIAVNICA

1735. július 12-én itt alakult meg Európa első bányászati iskolája. A hagyomány szerint már a rómaiak által művelt bányák ércéből verette I. István királyunk híres ezüst dénárjait. II. András német bányászokat telepített a városba. A település a XVIII. században élte fénykorát, akkoriban 680 kg arany és 26 000 kg ezüst volt az éves termelés. 1780-ban 24 000 lakosú város, Pozsony és Debrecen után Magyarország harmadik legnépesebb városa volt. A XIX. századra a város bányászata hanyatlani kezdett, az egyetem és a bányák hagyományai azonban fennmaradtak.

A Borbála-napi felvonuláson a bányák építőit, az ácsokat és kőműveseket látjuk.

Bányászok felvonulása (kőmivesek és ácsok). *Selmecz*

Selmeczbánya. Erdészeti palota.

A bányászati egyetem 1807-ben erdészeti karral bővült. Az ácsolatok garantálták a bányászok biztonságát. A diákélet része nemcsak a tanulás, de a „kutya jókedv támasztása" is volt. A hangos jókedv selmecbányai látogatását mutatja negyedik képünk.

Az egyetem professzorai és diákjai 1918-ban a cseh invázió elől Magyarországon maradtak – Sopronba menekültek. Az 1921-es ágfalvi csatában ketten életüket áldozták, hogy Sopron magyarnak maradhasson.

Selmecbánya éjjel.

Ev. templom az iskolával. Toporcz.

1770 TOPORC – TOPOREC

1770-80 között épült a Szepes vármegye késmárki járásához tartozó településen az evangélikus templom. A falu 700 éven át a Görgey család otthona volt. Itt született 1818. január 30-án a '48–'49-es szabadságharc tábornoka. Ugyancsak a falu szülötte Irinyi Dániel, a márciusi ifjak radikális tagja.

1802 LASZTÓCZ – LASTOVCE

1802. június 17-én Lasztóczon született Szemere Miklós politikus, költő, '48-as honvéd. 1881. augusztus 20-án itt is halt meg.
„S mint ha szél viharja tör ki
Minden száj utána dörgi
Áld meg a magyar királyt
Ne nézd Uram, hogy ő német
Oh ne nézd azt, kérünk téged
Mert őt is Te alkotád"

SZEMERE MIKLÓS a költő szülőháza.
Üdvözlet Lasztóczról.

1803   POZSONY – BRATISLAVA

1803-ban alapította Fischer Mihály kétszersült-sütödéjét. A napóleoni háborúk utánpótlás-szükséglete hívta életre az üzemet. A Cibak – zweiback – kétszersült volt a hadsereg fő élelmiszere.

1817   HOMONNA – HUMENNÉ

1817. február 7-én Homonnán született Trefort Ágoston jogász, politikus. Szüleit az 1831-es pestisjárvány elpusztította. Trefort jogi tanulmányai révén 1837-től állami szolgálatot látott el. 1848-ban Klauzál Gábor földművelési, ipari, kereskedelmi miniszter államtitkára. A forradalom radikalizálódása elől családjával Münchenbe menekült. 1872-ben, Sopronban képviselővé választják. 1872-től haláláig, 1888-ig vallás- és közoktatási miniszter.

Homonna   Trefort Ágoston szülőháza

1817
RIMASZOMBAT – RYMAVSKÁ SOBOTA

1817. szeptember 28-án, Rimaszombaton született Tompa Mihály költő. Petőfinek és Aranynak nemcsak kortársa, de tehetségtársa is volt. A csizmadia apa, szolgálólány anya gyermeke szolgálódiákként Sátoraljaújhelyen jogot, teológiát, bölcsészetet tanult. Maradandó alkotásai „A gólyához" és „A madár fiához" című művek. 1851-től 1868-ig, haláláig Rimaszombattól öt kilométerre, Hanván (Chanava) lelkészként működött. Az 1868. július 30-án elhunyt költő sírverse:

„Természet! Ki ezer képben tükrözte halálod
S új életre hogyan kelsz, ha üdül a tavasz
Most öleden nyugszik, maga egy burkolt szomorú kép.
Lágyan öleld hű dalnokodat, s ti szeretett virágok
Üljetek ágya köré mondani
Méla regét."

Ugyancsak Rimaszombat szülöttei:
Ferenczy István (1792-1856) lakatossegédből lett szobrászművész. Fő művei a Pásztorlányka és Kölcsey, Rudnai portrék

Blaha Lujza (1850-1926) A nemzet csalogánya színész szülők gyermekeként Rimaszombaton született. Pályafutása során számtalan főszerepben bizonyította tehetségét.
P.S: igazi neve Reindl Ludovika volt.

Tompa sírja hamván.

Csiz-fürdő.

TOMPA MIHÁLY SÍRVERSE:
Természet! ki ezer képben tükrözte halálod,
S új életre hogyan kelsz, ha üdül a tavasz,
Most öleden nyugszik, maga egy burkolt,
[szomorú kép],
Lágyan öleld hű dalnokodat, s ti szeretti virágok
Üljetek ágya köré mondani méla regét.

Ferenczy István szülőháza

Blaha Lujza szülőháza

Tompa Mihály szülőháza
Rimaszombat

Üdvözlet Selmeczbányáról.

Tanterem a lyceumban, a melybe Petőfi Sándor járt.
1838 szep.—1839 febr.

1838 SELMECBÁNYA

1938. szeptemberétől 1939. februárjáig a selmecbányai líceum tanulója volt Petőfi Sándor. A tanulmányok megszakadásához az vezetett, hogy csődbe ment édesapja nem tudta fedezni tovább a taníttatás költségeit. Petőfi 1839. februárjában Selmecről gyalog ment Pestre, hogy ott a színészmesterséggel próbálkozzon.

1847 MIKSZÁTHFALVA (SZKLABONYA) – SKLABINA

1847. január 16-án Szklabonyán (1910-től Mikszáthfalva) született Mikszáth Kálmán író. Családja zsúpfedeles házú nemes volt. Írói iróniája, gúnyjai, szatirikus szurkálódása saját osztályának, a dzsentriknek szólt. 1887-től országgyűlési képviselőnek választották. Műveiben az uram-bátyámos korabeli viszonyokat nem kímélte (egy Mikszáthra a XXI. század elejének is szüksége lenne). 1910-ben halt meg.

Mikszáth Kálmán
szülőháza Mikszáthfalván.
Tibai-Takáts János.

1849 KÖRMÖCBÁNYA – KREMNICA

Az 1948. őszén Schwechatnál elvesztett csata után a magyar sereg kemény utóvédharcok között Budáig vonult vissza. Az ősszel a feldunai sereg vezérévé kinevezett Görgey Artúr, a Budán 1849. január 2-án tartott haditanács tervei szerint északnak indult csapataival. Az ostromlott Lipótvár felmentésére tett kísérlet után nyugatra fordult, hogy a telet a bányavárosokban vészelje át. A császári erők megpróbálták harapófogóba szorítani. Északról Götz tábornok, délnyugatról Cserich generális indult Görgey ellen. 1949. január 17-én, Körmöcbánya környékén, a turcseki szorosban a tapasztalatlan, de elszánt honvédok megfutamították az ellenséget. A csata turulos emlékművét a millennium után állították fel. A szobor sorsa ismeretlen, de sejthető.

1849
SELMECBÁNYA – BANSKÁ ŠTIAVNICA

A négy hadosztályra osztott Görgey-hadtest déli csapatai, Guyon katonái, 1949. január 19-én és 21-én, Szélaknán – Selmecbánya része – hősies küzdelemben kísérelték meg Cserich generális hadait feltartóztatni. A kiképzetlen újoncok lelkesedése kevés volt a győzelemhez. A január 22-i hodrusbányai vereség lehetetlenné tette a Görgey hadtest helyzetét a bányavárosokban. 1899-ben emlékművel gondolt Selmec az elesett honvédekre. 1919 után a szobrot eltávolították helyéről. Felújítandó állapotban, de megvan!

SELMECBÁNYA — Honvéd szobor

12. sz.   „Görgey 20 fokos hidegben **a honvédséget átvezeti a Sturetzen**".

1849   STUREC HÁGÓ

A bányavárosokból kiszorult Görgey hadtest, két oszlopban északkelet felé tört ki a császári csapatok szorításából. Az egyik csoport – Aulich és Kmetty hadosztályai – Besztercebányáról északra, a Fátra és az Alacsony Tátra között Poprád irányába indult. Az embert próbáló körülmények között – Aulich egységei félig beomlott bányajáratokban jutottak át a Szkalka hegyen és húsz fokos hidegben az 1002 m magas Sturetz-hágón. A hegyekben az átkelést nemcsak az ágyúk vontatása, de a bányavárosokból a császáriak elől menekített hadianyag szállítása is nehezítette. A második csoportban Guyon hadosztálya Igló, a branyiszkói hágó irányába menetelt.

1849   IGLÓ – SPIŠSKA NOVA VES

1849. február 2-án hajnalban a lőcsei császári helyőrség csapatai megtámadták az Iglón pihenő Guyon hadosztályt. A rajtaütést három gyalogszázad, egy lovas félszázad és három röppentyűvető-erejű egység hajtotta végre. Órákba telt, míg a meglepett honvédok rendezték soraikat és megfutamították a támadókat. A harcokban a külváros több épülete felgyulladt. Hősi halált halt 53 honvéd. Testük az iglói temetőben nyugszik. Az 1920-as években Iglón a takarékpénztár előtt állt a honvédok dicsőségét hirdető emlékmű.

róm. kath. templom – röm. kath. Kirche.   város égése. – Brand im Jahre 1849.

Branyiszkói emlék.

1849   BRANYISZKÓ-HÁGÓ

1849. február 5-én az Iglóról továbbinduló Guyon hadosztály a hágónál a megmaradásáért harcolt. Ha nem sikerül a hegyek közül a kitörés, a körülmények felmorzsolhatták volna a honvédcsapatokat. Ha sikerül a hágót megszálló császáriakon áttörni, megszoronghatják a Kassát bíró Schlick generális királyhű erőit. A tét nagy volt, ezért így indította harcba katonáit Guyon: „dupla ellátmány vagy közétek lövetek". Az első, visszavert honvédroham után megtartotta ígéretét. A második rohamot vezette Erdősi Imre tábori lelkész.

1849.   SELMECBÁNYA – BANSKA ŠTIAVNICA

1907. június 9-én avattak emléktáblát Erdősi (Poleszni) Imre piarista rendi pap-tanár selmecbányai lakóházán. Erdősi 1849. január 9-én lépett Guyon Richárd honvéd hadtestébe tábori lelkésznek. 1849. február 5-én a branyiszkói áttörésnél a 33. zászlóaljat többször rohamra vezette a hágót védő császári csapatok ellen. Vitézségével kiérdemelte a „branyiszkói hős pap" és a „magyar Kapisztrán" kitüntető elnevezéseket.

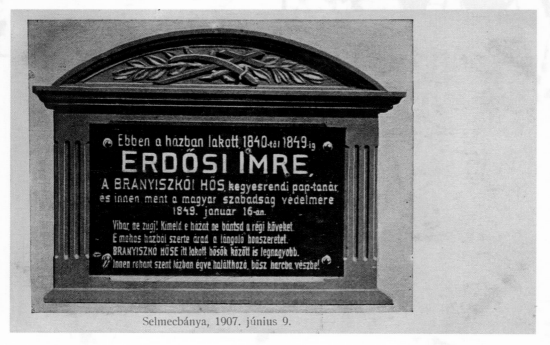

Selmecbánya, 1907. június 9.

Üdvözlet Lőcséről.　　Honvéd-szobor.

Braun Fülöp könyv- és papirkeresk. kiadása, Lőcsén.

1849　LŐCSE – LEVOČA

1849. február 3-án, az iglói harcokban megtépázott osztrákoktól foglalta el Lőcsét Görgey. Február 5-én a lőcsei honvéd bálon (?!) értesült a branyiszkói győzelemről. Csapataival kihasználandó a győzelmet, haladéktalanul délnek indult. A lőcsei honvéd emlékmű erre emlékezett. Ma már az emléke is csak képeslapon van.

1849　NAGYSALLÓ – TEKOVSKÉ LUŽANY

1849. április 19-én itt győzte le Klapka tábornok I. hadteste a Wohlgemuth tábornok vezette osztrák erőket.

Idézet Klapka hadparancsából:

„Bajtársak!

A tegnapi nap az igazságért és a szabadságért folytatott harcunk egyik legszebbike, többszörös alkalmat nyújtott nekem arra, hogy megcsodáljam az alámrendelt csapatok önfeláldozó bátorságát és kimagasló hősiességét. A tegnapi nap által az I. hadtest harci becsülete újból fényesen beigazolódott…

…Még néhány nap, mint a tegnapi és az ellenségnek hazánk szent földjét éppen olyan csúfosan kell elhagynia, mint amilyen arcátlanul a földjére lépett. Éljen Magyarország! Éljen a szabadság!

Klapka tábornok sk.”

Honvéd-emlék.

Hricsovszky Ferencz hangszeripar-telepe.　　Fő-utczai részlet.

Üdvözlet Nagy-Sallóból.

Magyar szabadságharcz. "Komárom előtti tábor" 1848—49. 100. sz.

Damjanics.   Klapka.

1849   KOMÁROM – KOMARNO

A Klapka György vezette I. hadtest 1849. április 22-én törte át a komáromi várat övező császári ostromgyűrűt. Április 26-án a Duna jobb partján a folyón átkelt I. és III. (Damjanich) hadtest egységei megpróbálták Schlick tábornok csapatainak visszavonulási útvonalát elvágni. A véres harcokban 1200 osztrák és 800 magyar katona halt hősi halált.

1849   KOMÁROM – KOMARNO

1849. július 2-án Ács és a Monostori erőd között vívott csatában a magyar honvédek a négyszeres túlerőben lévő, orosz csapatokkal megerősített császári erőket csak feltartóztatni tudták, visszaszorítani nem. A csata egy válságos pillanatában Görgey személyesen vezetett rohamra 24 huszárszázadot. A tábornokot az ütközetben gránátszilánk sebesítette meg. A hadsereg vezetését ekkor Klapka vette át. A csatában 1500 honvéd esett el. Komárom néhány napon belül ismét ostromzár alá került.

8. sz. "Lovas-csata Komárom előtt 1848—49".

SZÉP FELVIDÉKÜNK II – ÉLJEN A HAZA!

1849 KOMÁROM – KOMARNO

Klapka Györgyöt már 1848. szeptember 6-án kinevezték Komárom erődítési és tüzérségi parancsnokává. A katonai megbízatások ekkor más irányba vitték őt. 1849. május 26-án az ország talán legfontosabb erősségének ismét Klapka lett a vezetője. A július 2-i csata után bezáruló ostromgyűrűt már július 11-én megpróbálta kitöréssel lazítani. Sikerre csak az augusztus 3-i kitörés vezetett. Klapka csapatai Győr elfoglalásával Bécset riogatták. A világosi fegyverletétel után az utolsó fegyvertény a vár védőinek az amnesztia kiharcolása volt. Október 2-án a vár megadta magát.

1856 ÓGYALLA – HURBANOVO

1856-ban Ógyallán született Feszty Árpád festőművész. Fő műve „A magyarok bejövetele" című monumentális körkép, melyet két társával festett a milleneumra. Felesége Jókai Róza, az író Jókai Mór lánya volt. Feszty főleg állami épületek díszítése révén jó hírű festővé vált. 1914-ben halt meg. Testét Ógyallán temették el.

Ó-Gyalla   Feszty kastély

Cs. és kir. gyalogsági laktanya, egykor a Klobusiczky grófok kastélya.

1860   EPERJES – PREŠOV

A XVII. században felemelkedő Klobusiczky család eperjesi palotáját 1660 körül emeltette. Az épület homlokzatának csodálatos stukkó díszítése a család gazdagságát mutatja (12 településnek voltak urai Sáros megyében). A XIX. század második felében a hadsereg vette bérbe a palotát. Az 1860-ban alapított 67. csász. és kir. gyalogezred 45 évig volt a ház lakója.

1860   CSÍZFÜRDŐ – ČIŽ

1860-ban, kútásáskor egy gazda ihatatlan sós vízre bukkant. A vizsgálatok – mert a magyar ember, ha nem ért valamit, akkor vizsgálódik - jódos-brómos ásványvíz jelenlétét állapították meg. A megviselt hadfiakra nyugtató hatású gyógyvizet úgy az első, mint a második világháborúban nagyszerűen felhasználták.

Csízfürdő. Magy. kir. honvédtiszti gyógyház.

ÜDVÖZLET CSACZÁRÓL = Községháza

Az ógyallai csillagvizsgáló Konkoly-féle refractore

1860   CSACZA – ČADCA

Jelképes a felvétel, a párhuzamos sínek a végtelenbe vesznek. Sok százezer kivándorló a távolban látható állomáson intett búcsút hazájának. Az Újvilágban jobb életet remélő felvidéki magyarok a vasúton az északi német kikötőkbe indultak. 1862-ben Zemplén, Sáros, Szepes, Gömör, Ung megyékben egyre nagyobb számban keltek útra.

1889-ig 450 ezren kerekedtek fel.

1889-1915 között 1 300 000 fő. Több felvidéki megyében egész járások néptelenedtek el. Jelképes a vasútállomás, jelképesek a sínek. „úgy elfogy a magyar, mintha nem lett volna" (Ady)

1871   ÓGYALLA – HURBANOVO

A településen 1871-ben Konkoly-Thege Miklós magán csillagvizsgálót alapított, melyet 1899-ben az államnak adományozott. Az alapító a folyamatos naptevékenység megfigyelése és a csillagszínképek kutatása területén maradandót alkotott. 1872 után a meteorrajok megfigyelésével is foglalkozott az intézet. 1818-at követően a csillagvizsgáló távcsöveinek egy része Budapestre került, a magyar állam tulajdonaként. A Csehszlovákiában maradt részek prágai irányítással folytatták a kutatást.

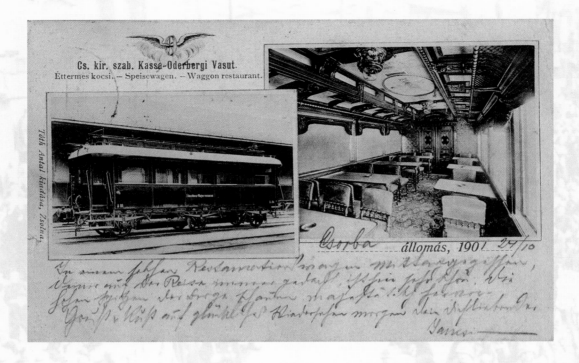

Cs. kir. szab. Kassa-Oderbergi Vasut.
Éttermes kocsi. – Speisewagen. – Waggon restaurant.

Csorba állomás, 1901 24/10

1871 KASSA – ODEBERGI VASÚT – BOHUMIN

1859-ben alakult meg a császári és királyi szabadalmú Kassa-Oderbergi vasúttársaság. 1871-ben indította meg a forgalmat a társaság Kassa és a sziléziai Oderberg között. A részvénytársaság létrejöttének gazdasági okai voltak: a felvidéki kivándorlók szállítása a német kikötők felé, valamint a Kassa környéki érclelőhelyek összeköttetése a sziléziai szénbányákkal. A társaság üzemeltette a Kassa-Eperjes vasútvonalat, valamint a tátrai elektromos vasutat is. 1924-ben Csehszlovákia államosította a vasúttársaságot.

Képeinken egy korabeli étkezőkocsi, illetve egy, a ruttkai (Vrútky) főműhelyben felújítandó I.t. osztályú mozdonyok láthatók.

Üdvözlet Ruttkáról
Ks.-Od. vasut főmühelyének mozdonyszereldéje
(munkaidő alatt)

Magyar Geyzir.

Üdvözlet Ránkfüredről.

1875 RÁNKFÜRDŐ – HERĽANY

1875-ben 404 méteres fúrással találta meg Zsigmondi Vilmos geológus azt a jódos, vasas vizet, mely 32-36 óránként 32-36 méter magasra tör fel. A Kassa közeli település vízfeltörését a „magyar gejzírnek" is hívták. A település gyógyvizeiről napjainkban is ismert szakmai körökben.

Üdvözlet Nagyszombatról.
Katonai tébolyda.

1876 NAGYSZOMBAT – TRNAVA

Az 1876-os elmebetegek ápolásáról szóló rendelet értelmében jött létre a pozsonyi katonai kerületen belül a nagyszombati tébolyda. A rendelet létrejöttéig az elmebetegség miatt a szolgálattól leszerelt katonák ellátás híján koldulásból tartották el magukat.

Az elpusztult Bártfa. — A „vastag bástya" a mellette lévő „puskaportoronynyal"
és a Hölzel-féle műfaragó-intézettel.

Divald Adolf, Bártfa. VI.

1878 BÁRTFA – BARDEJOV

Az 1686-os és az 1774-es tűzvészek után 1878-ban ismét pusztított a vörös kakas Bártfán. A középkori városmag
80%-a égett el. A csapások hozzájárultak ahhoz, hogy a gazdag múltú város jelentőségét veszítse.

Az elpusztult Bártfa. — A „nyitott bástya" elpusztult házakkal.

ÁLLAMI CSIPKEVERŐ ISKOLA KÖRMÖCZBÁNYA.

„Erzsébet Iparoktatási Ösztöndíjalap" tulajdona.

Megrendelésnél sziveskedjék a csipke jelére hivatkozni.

10767. Budapest, Athenaeum.

1880   KÖRMÖCBÁNYA – KREMNICÁ

Az 1880-as évek hazafias felbuzdulásának eredményeként tucatszám jöttek létre a Felvidéken a különböző háziipari műhelyek. Angyal Béla Körmöcbányán és Lőcse között több csipkeverő műhelyt alapított. 1898-ban a Kereskedelmi Minisztérium nyújtott segítséget a kézműves műhelyek fennmaradásához. A körmöcbányai állami csipkeverő iskola az 1918-as hatalomváltásig fennmaradt.

Gyönyörű különlegesség !

Zólyomi nép varottas, szinházi tüll sáll 190 cm. hossz 15 korona és 280 cm. 25 koronáért kapható „Klotild hercegnő egyletben" Bpest, Klotild-palota.

Bártfa-fürdő   Emlékoszlop a pohárral.

1895   BÁRTFA – BAR DE JOV

A magyarok Erzsébet királyné iránt érzett szeretete emlékmű áradattal öntötte el az országot „Sissy" halála után. A bártfaiak az alábbi felirattal zárták kőbe a királyné bártfai gyógykúráján használt poharat: „Ezen pohárból itta a bártfai gyógyforrások vizét Istenben boldogult Erzsébet ő csász. és kir. felsége, Magyarország királynéja 1895 július 1-től 22-ig. Őrizzük kegyelettel."

1896   DÉVÉNY – DEVIN

Dévény vára az ország nyugati kapuja volt évszázadokig. A pozsonyiak a millennium évében a vár melletti sziklára Árpád szobrot állíttattak, melyet a cseh légionáriusok 1922-ben felrobbantottak. 1836-ban a dévényi vár romjainál Štúr Lajos megalapította szlovák nemzetiségi mozgalmát.

Pozsony–Pressburg.   Dévényi Árpád szobor. Thebner Ruine mit Arpád.

6532. Mehner & Maas, Leipzig.

A millennium évében állították fel Pozsonyban Fadrusz István pozsonyi szobrászművész Mária Terézia királynőt ábrázoló alkotását. Az uralkodónőt védelmező magyarjaival bemutató mű a korábbi koronázó dombra került. Ide rúgtattak fel lóháton a Pozsonyban koronázott királyok, hogy megejtsék a négy kardvágást a négy égtáj felé, jelképesen megóvva a hazát. A szobor talpazatán az „Életünket és vérünket" felirat volt olvasható latin nyelven.

A szoborcsoport a türelmetlen többség áldozata lett 1928-ban. A szobor töredékei kalandos úton eljutottak a Magyar Nemzeti Múzeumba.

A KIRÁLYNŐ FEJE.

Töredékek a csehek által vandál módon elpusztított pozsonyi *Mária Terézia*-szoborból, *Fadrusz János* 1896-ban készült remek alkotásából.

(Magyar Nemzeti Múzeum.)

Nyitra

Zobcr, milleniumi oszlop

1896 NYITRA – NITRA

A millennium évében emelték Nyitra külterületén a magyarok az emlékművet azon helyen, hol a honfoglalók Szvatopluk helytartóját, Zobort felakasztották. Az oszlopot 1922-ben felrobbantották.

1898 POZSONY – BRATISLAVA

A pozsonyi hajósegylet 1862-ben a város jogi egyetemének falai között alakult meg. Az egylet hamar a mágnásifjak clubjává lett. Képünkön az 1898-as házi verseny meghívója látható.

Kiadja Hardtmuth E. Pozsonyban.
L. S. St. 565.

Pozsonyi hajós-egylet.

Pozsony 1898. junius 20-án.

Van szerencsém Tagtárs Urat a pozsonyi hajós-egylet 1898. évi junius hó 26-ik napján, délután hat (6) órakor a „Pötschen"-ágban megtartandó

házi versenyre

tisztelettel meghívni.

Kégly,
e. titkár.

Este társas vacsora, a helyiség hirlapilag közölve lesz. Vendégek meghihatása czéljából iv köröztetik.

Schul- und Internats-Gebäude des
Ersten Pressburger Militär–Vorbereitungs–Institutes
Gabor Baross Strasse Nr. 1. I. Stock.

1899 POZSONY – BRATISLAVA

A Baross Gábor utcában nyílt meg 1899. márciusában a katonai előkészítő intézet. Az avatásra Ferenc József is Pozsonyba jött.

1899 IGLÓ – SPIŠSKA NOVA VES

1899. június 11-én az iglói nőegylet népünnepélyt rendezett.

Üdvözlet a pozsonyi helyi iparkiállitásból.
Gruss aus der Pressburger Local-Gewerbe-Ausstellung.

Utánnyomás tilos. Freistadt M.

1899 POZSONY – BRATISLAVA

1899. nyarán a pozsonyi, helyi ipar kiállításon mutathatta meg termékeit.

1899 GALGÓCZ – HLOHOVEC

1899. augusztus 15-én tartották a Vág parti településen a vári búcsút, az Erdődy kastély parkjában. A birtokot 1715-ben megszerző Erdődy György a várkertet tavakkal, különleges növényekkel ékes angolparkká alakította.

Galgócz- vári bucsu.
1899. augusztus 15-én.

Műintézet: Szold Jakab, Galgócz. 1899. (Utánnyomás tilos)

1899   IPOLYSÁG – ŠAHY

Az 1899. június 28-i árvíz okozója az addig nem látott nagyságú vihar volt. Az áradás lakóházakat és termőföldeket egyaránt elpusztított. Csak a száz évvel később pusztító árvizek mérhetőek az 1899-es csapáshoz.

1899   LUCZATŐ – LUČATIN

A Besztercebányától 15 km-re, a Garam partján lévő településről 1899-ben írták: „ Káka tövén költ a rucza, árvíztől fenyegetve jó a Lucza"

1899 évi árvíz Pozsonyban September 18.

1899 POZSONY – BRATISLAVA

Aki folyó mellé megy lakni, számolnia kell azzal, hogy nem csak akkor mos lábat, amikor akar. A pozsonyiak számoltak ezzel, és a várost magasra építették. Néhányan mondják is: „noha a lábukat mossák, az orrukat fenn-hordják / és nemcsak azért, hogy esőben levegőt kapjanak!/

A legnagyobb árvíz Pozsonynál 1501-ben 1164 cm-rel tetőzött. (A folyó vízhozama másodpercenként 14000 m³ volt) Az 1899-es szeptemberi árvíz magassága 984 cm volt. Vízhozama 10 870 m?/s. Az 1954-es árvíz, ami elmosta Győrt és környékét 984 cm magas volt Pozsonyban.

Hochwasser September 1899.

Árvíz 1899. Szeptember havában,

Üdvözlet
Sasvárról.
Gruss aus
Sassin.

Cs. és kir. családi uradalom kastélya. Ő Fel- | Schloss der k. u. kön. Familienfonds-Güter.
sége a király lakása a sasvári hadgyakorlatok | Wohnung seiner Majestät des ung. Königs
alatt

1900   SASVÁR – ŠAŠTIN

A Pozsonytól 55 km-re fekvő Sasváron, a Putnicki kastélyban pihent Ferenc József az 1900-as Pozsony-Nyitra megyei manőverek idején. A település híres búcsújáró hely.

1900   TRENCSÉN – TRENČIN

1900. május 1-én megejtették az építendő Nagytapolcsány-Bossány-Baán-Trencsén vasút első kapavágását. Az útvonal megépítését Trencsén vármegye már 1895. május 31-i hatállyal támogatta. Az 51 km hosszú vasúti pálya 1901. augusztus 18-án megnyílt.

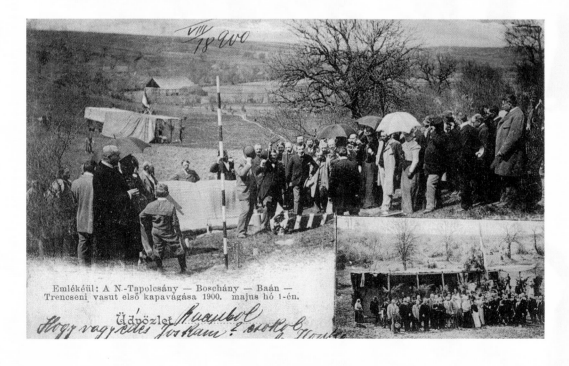

Emlékéül: A N.-Tapolcsány — Boschány — Baán —
Trencseni vasut első kapavágása 1900. majus hó 1-én.

Bad **Pöstyén** fürdő

Vasuti állomás.
Eisenbahn Station.

1900   PÖSTYÉN – PIEŠTANY

A rómaiak ismerték már a Vág parti melegvizes dagonyát, ahol a források körül szalmával bélelt gödrökben keresték betegségeik enyhülését. 1551-ben említett fürdőházát a törökök felperzselték.

A XIX. század elejére kiépülő fürdőhely vendége volt Beethoven is. Erdődy József gróf vezetésével fürdőházak, gyógy-szállók épültek. Pöstyén történetének egyik csúcspontja a XIX-XX század fordulója volt. A fürdőhelyre vasúttal érke-ző vendéget postakocsik szállították a szállodákba.

A szálláshelyekről a napi kúrák helyszínére az „infanteristák" – egyfajta kulik – kézvontatású hintókban szállítot-ták a fájó csontú betegeket.

Pöstyén. Az „infanterista". - Der „Infanterist".
Közlekedő a fürdőből. - Beförderung vom Bade.

Pöstyéni ideálok.   Pöstyéner Ideale

Labung nach dem Bade
Erösitö fürdés után.

Genusse.
Elvezetek.

A kúra kiegészítője lehetett némi fokhagyma és – a szagát leöblítendő – pálinka, meg a gyors gyógyulást elkerülendő: egy kis libacomb.

Amikor pedig eljött a vendég búcsúztatásának ideje, szemmel látható lett az összefüggés a borravalót kérő tenyere és az üres tárca között.

ERKÉZÉSKOR

INDULÁSKOR.

MIKOR ERKEZTEM-
ALS ICH ANKAM·

BAD PÖSTYÉN-FÜRDÖ

MIKOR ELUTAZTAM
ALS ICH ABSCHIED NAHM

Pöstyéni nemzeti táncz — Pistyaner Bauern am Tanzboden   Pistyan / Pöstyén

A település lakosságának 80%-a szlovák, 15%-a magyar volt.
Ünnepeiket megzavarhatta időnként egy kis hormontorlódás. A vétkesek ilyenkor a szégyenfához köttettek. II.
Vilmos német császár és IV. Károly 1918-as pöstyéni találkozóját már nem zavarták meg.

Pöstyén — Pistyan.

Szégyenfa, melyhez hajdan a gonosztevö
büntetésöl kikötötték.

Pranger, an dem in früheren Zeiter
Verbrecher und Bösewichte als
Strafe zur öffentlichen Schau
gestellt wurden.

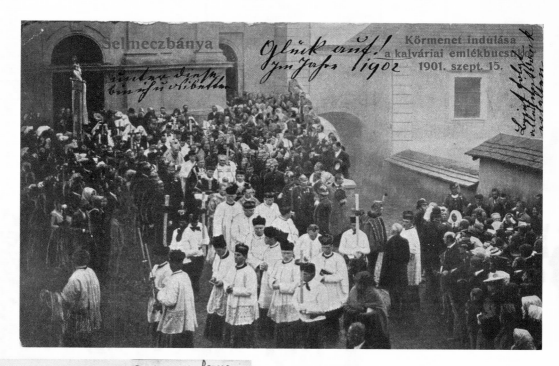

Körmenet indulása
a kálváriai emlékbúcsúkor
1901. szept. 15.

1901
SELMECBÁNYA – BANSKÁ ŠTIAVNICA

Így indult a körmenet a kálváriai emlékbúcsúkor 1901. szeptember 15-én.

1901 MERÉNY / FEKETEHEGYFÜRDŐ – NÁLEPKOVO

A szepességi szlovákok híres búcsújáró helyén, az úrnapi körmeneten készült a fénykép.

Kiadja: Matz Gusztáv Iglón, 1900 — Utánzás tilos

Édes Mókuson! Üdvözlet Feketehegyről! 1901. VI. 17.

Mi édes Anyussal elég jól vagyunk; időnk árnya még mindig esik az eső és fázunk. Csókolja Nanyanya a Nagyapa kezeit, a Néniket véled együtt jedi sorgor, ölel atyád Jóno.

Üdvözlet Kassáról!

A cs. és kir. 34-ik gyalogezred uj zászlójának átadása az ezrednek 1902-ik évben

Kiadja Breitner Mór papirkereskedése Kass.in.

1902 KASSA – KOŠICE

1902-ben vette át új zászlaját a kassai 34-es gyalogezred. Az ezred 1733-ban a Dunántúlon alakult. 1781-től Veszprémben állomásozik. 1806-ban az olasz front után Kassára helyezték az egységet. 1864-ben a dán háborúban hősiesen küzdöttek a kassai fiúk. 1866. július 29. A porosz háborúban Jičinnél (ahol Rumcájsz, a mesehős makktöltényekkel lődöz) harcoltak. 1914-ben, a háború kitörésekor az északi frontra kerültek a 34-esek. 1915 után az olaszok ellen Asiagonál védték a Monarchiát. 1918. október 18-án a széteső ország megmentésére, Magyarországra hozzák az ezredet.

1902 ÉRSEKÚJVÁR – NOVÉ ZÁMKY

A Radetzky huszárok szemléje az érsekújvári Kossuth téren. A komáromi központú 5. huszárezred a 11. lovas hadosztály részeként részt vett 1914-15-ben a Felvidék védelmében, 1916-ban Erdély visszafoglalásában.

Üdvözlet Érsek-ujvárból.
Coniegner J és fia, Érsekújvár.

Részlet a Kossuth Lajos térről.

Fischer-*csárda*.
Gruss von der II. Landwirtschaftlichen Landes-Ausstellung, Pressburg, 1902.

Mezőgazdasági országos Kiállitás Pozsony 1902.
Landwirtschaftliche Landes-Ausstellung Pressburg 1902.

1902   POZSONY – BRATISLAVA

1902 nyarán Pozsonyban rendezték meg a második országos mezőgazdasági kiállítást. Képeinken egy-egy a kiállításra emelt, majd elbontott építmény látható.

Komárom   Ferenc József rakpart piaccal

XIX. SZÁZAD   KOMÁROM – KOMARNO

Az elmúlt 2000 év építő rómaiakkal, erősítő magyarral, pusztító törökkel, védekező osztrákkal és elfoglaló csehekkel tisztelte meg a várost. A rövid képes történet a megmaradó magyarokról szól.

A virágzó város a XVIII-XIX. században Jókai apjának, a jogásznak olyan lehetett, mint a vizának a tavaszi áradó Duna – lételeme. A Vágon piacra úsztatott fa és a Dunán érkező búza ezer kontraktust és ezer vitát, sőt pert kínálhattak az élelmes juristának.

Ebben a virágzó városban született Jókai Lajos (és maradt három napig az), akit Benyovszky Móric hírneve a Lajosról Móricra keresztel. Az 1825. február 18-án, a Kacz-féle házban világra jött neves jogászporonty másfél évig lakta szüleivel a bérelt házat. A gyámügyésszé lévő apa új házat épít, sőt a szomszédot is megveszi a Szabó utcában. A Komáromban felcseperedő Jókainak a környezet tömegével adja az alakokat az Aranyember című regényéhez. A városból elkerülő Jókait 1849-ben a szülőháza menekíti meg a számonkéréstől: felesége, Laborfalvi Róza közbenjárására felveszik nevét a komáromi erődítmény amnesztiát kapott hősei közé.

Komárom — Jókai Mór szülőháza

1902-ben a Duna parti szűrt kutakból tiszta vizet nyerő vízműtársaság alakul Komáromban. A tisztított vizet a Duna alatti vezetéken szállították a folyó déli partján lévő városrészbe.

1914-ben 10 éves a komáromi labdarúgó klub.

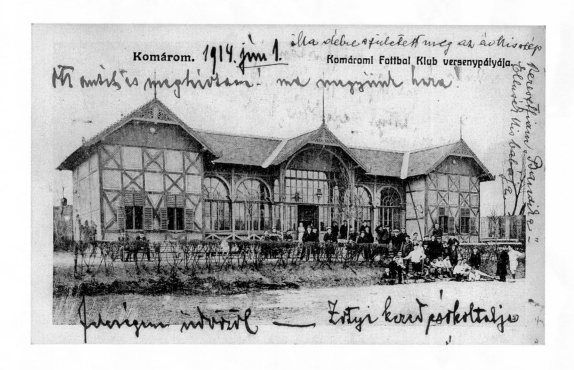

MEGNYITÁSI ÜNNEPÉLY.

1903,
IPARKIÁLLITÁS
ZSOLNA.

1903   ZSOLNA – ŽILINA

1903 nyarán a Trencsén vármegyei Zsolnán mutathatta meg fejlettségét a környék ipara.

1903   CZIFFER – CIFER

A nagyszombati járáshoz tartozó Czifferbe áthelyezett vasutas a kor két nagy találmányát – a kerékpárt és a taligát – fényképezve küldte üdvözletét barátainak.

Sztrecsnói völgy az 1903. julius 11. árvíz után.

1903 SZTRECSNO – SZTRECSÉNY – STREČNO

A Csák Máté vára alatt kanyargó Vág sokszor tette próbára a környék lakosait, de a „már mikor megmondtam" fordulat alkalmazását az 1903-as árvíz tette lehetővé. Az alámosott vasút és a ledőlt sziklák hosszú vita tárgyává tehették a politikai semmittevést.

Sztrecsnói völgy az 1903. julius 11. árvíz után.

Az 1903. évi árvíz Galgócon.   A lipótvári vasutállomás felé vezető országut.

1903   GALGÓC – HLOHOVEC

A Vág parti, szlovákok lakta települést az 1903-as nyári árvíz elvágta a környező településektől.

1903   IGLÓ – SPIŠSKA NOVA VES

„Vagyok olyan leány, mint legény kend" mondhatták a fontos férfifeladatok (kártyázás stb.) idejére magára hagyott menyecskék és úrhölgyek. Varrottasaikat és hímzéseiket a Szepes megyeiek az 1903-as iglói kiállításon mutathatták meg.

Szepesvármegyei női kéziipar kiállitás Iglón 1903.

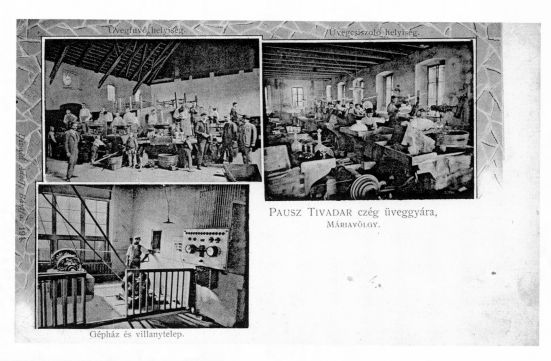

Üvegfuvó helyiség.

Üvegcsiszoló helyiség.

PAUSZ TIVADAR czég üveggyára,
MÁRIAVÖLGY.

Gépház és villanytelep.

Komárom.

Gróf Széchényi utcza
Péczely és Tóth emlekművének leleplezése.

1903 LIVOHUTA – LOVOVSÁ HUTÁ

A településen már a XIX. század második felében üveghuta működött. Az üzemben 25 ezer forint értékű táblás és finomüvegárut állítottak elő. 1903-tól Pausz Tivadar a gyár tulajdonosa. A harminc munkást foglalkoztató vállalkozás 1920 után porcelán előállításával is foglalkozott, 1950-es államosításáig.

1904 KOMÁROM – KOMARNO

1904. október 12-én a Széchenyi utcában emléktáblát avattak Péczely József evangélikus lelkész és Tóth Lőrinc jogtudós tiszteletére. Péczely irodalomtudósként megszervezte a korabeli hírlapírók által Komáromi Tudós Társaságnak nevezett írói kört. 1783-ban II. József engedélyezte a vallásszabadságot, ekkor Péczely lelkészi állást vállalt Komáromban. 1792-ben halt meg.

Tóth Lőrinc Komáromban született, 1814-ben. Jogászként részt vett a 48-as törvények előkészítésében és végrehajtásában. 1850-ben tevékenységéért Haynau halálra ítéltette, azonban kegyelmet kapott. A Tudományos Akadémiánál vállalt állást. 1867 után fontos kormányzati posztokat tölt be. Haláláig, 1903-ig a református egyház támogatója.

A m. kir. honvéd gyalogezred Vágujhelyen

1905 VÁGÚJHELY – NOVÉ MESTO NAD VÁHOM

A nyitrai 14-es gyalogezred egyik zászlóaljának szemléje Vágújhelyen.

1905 DOBSINA – DOBŠINA

Az 1905-ben, a dobsinai jégbarlangban korcsolyázókat ábrázoló festmény eredetije a rozsnyói múzeumban volt látható.

Az 1905. évi nyári korcsolyázás képe.
Eredetije a gömör-rozsnyói bányászati muzeumban.

Summer Skating in the ice
cavara Dobsina (Hungery).

Schlittschuhlaufen im Sommer
in der Eishöhle zu Dobschau.

1905   NAGYSZALÓK – VEĽKÝ SLAVKOV

A szepesszombati járáshoz tartozott település már 1866-ban jelentős tűzkárokat szenvedett. Az ottlakók megsegítésére országos gyűjtés indult. 1905. szeptember 12-én újra leégett a település egy része.

1905   SZOMOLNOK – SMOLNIK

A főleg németek lakta bányavárosban a környék fémtelérjeinek kifogytával dohánygyár létesült, a bányászkamara székházának átalakításával. Az 1872-ben létrejött üzemben kilencszázan dolgoztak. Az 1905. augusztus 27-i tűzvészben leégett a dohánygyár tetőzete is (a tűz feltehetően az üzemben keletkezett).

Szomolnok a tűzvész után, 1905. augusztus 27-ikén.

Tátra.

Poprád-Felka. A Ks. Öd. vasút állomása, villanyos megállóhely, és a „Tátra-Szálloda".
Station d. K. Odbg. Eisen- u. d. elektrischen Bahn. — „Hôtel Tátra".

No. 902 L. Kiadja Feitzinger Ede, Teschen. 1905

1905   TÁTRA – TATRA

A magassági üdülőhelyre érkező vendégeket a képen látható „villanyossal" szállították Poprád és Tátrafüred kö-
zött. A jármű az omnibusz és a villamos keresztezéséből keletkezett és legjobban a mai trolibuszokra emlékezte-
tett. Az üdülők érkezés után a lóvontatású szánok kényelmét élvezhették.

Tátraszéplak.   Téli élet a magas Tátrában.
                                      Winter-Sport in der hohen Tatra.

Tátra.

A magas Tátra leghireseb gyökér-szedője.
Der berühmteste Wurzelsammler der hohen Tatra.

Gomba, gyökér, bogyógyűjtők. A Tátra vándorai, hegyi világpolgárok. Zergehús és borovicska-szakértők. Ki nem cserélne velük?

Tátrai idyll.   Tátraer Idyll.

1906   KASSA – KOŠICE

1906. júniusában a vasútállomás előtti téren sikeres felszállást hajtott végre a Turul léghajó. A ballont 1902-ben Augsburgban vásárolta a Magyar Aero Club. Ez volt az első magyar tulajdonban lévő léggömb, mely embereket tudott szállítani.

1906
ARANYOSMARÓT – ZLATÉ MORAVCE

1906. tavaszán leégett Bars vármegye aranyosmaróti székhelyén a megyeháza.

„Turul" felszállása Kassán.

Üdvözlet Aranyos-Marothról   Leégett megyeház.

Nagy–Jdai czigánylak

NAGYIDA – VEĽKA IDA

Csak Arany János írhatta mulatságosra a Csóri vajda sorsát, nevetősen szépnek birodalmát. Félek tőle, hogy csak a viskók lakói változtak, házaik alig.

OPÁLBÁNYA – VÖRÖSVÁGÁS – ČERVENICA-DUBNIK

A páratlan opál-előfordulás Sáros vármegye északi részén, a Szalánci hegységben található.
A természeti ritkaság bányászatának első írásos említése 1597-ből származik. A kitermelés csúcspontját 1845-1880 között élte. A bánya és a feldolgozó üzem bérlője a Goldschmiedt család volt. Képünkön a nemesítő-csiszoló műhely látható a XIX. század végéről.

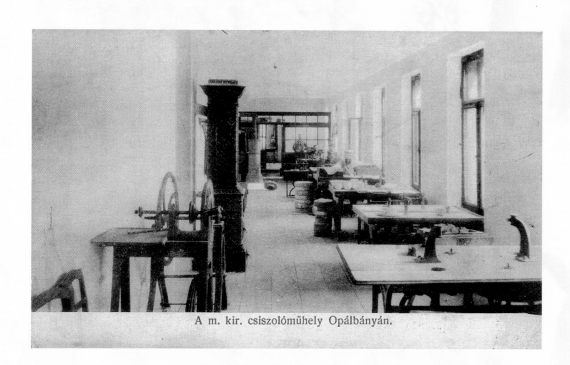

A m. kir. csiszolóműhely Opálbányán.

1906 KÉSMÁRK – KEŽMAROK

1906. októberében Késmárkon temették újra Thök-
öly Imrét, Magyarország török szultán által kineve-
zett királyát, Erdély választott fejedelmét. A marha-
kereskedőkből Felvidék nagyurává lett család leszár-
mazottja törökországi száműzetésben, 1705. szep-
tember 13-án halt meg.

Thököly Imre Mauzoleuma.
Késmárk.

Thököly-mauzoleum belseje

Hamvait a késmárki evangélikus templomban emelt
mauzóleumban 1906-ban helyezték el. A sírkamrába
került az egykori fejedelem palástja, zászlója és az iz-
midi síremlékét díszített dombormű.

Nyulászi Béla kiadása, Kassa, 1906.

A 48-as ereklye-kiállítás falragaszának rajza.

Kassa

meselek néktek a hejzetemről eiokolak Centeket sugoroo [illegible]

1906 KASSA – KOŠICE

A kassai honvéd szobor avatása kapcsán '48-as ereklyékből rendeztek kiállítást Kassán. Képünkön a rendezvény plakátja látható.

1906

I. Rákóczi Ferenc 1735. április 8-án hunyt el Rodostóban. Édesanyja, Zrínyi Ilona mellé temették egy isztambuli keresztény templomba. Hamvainak hazahozatal a kiegyezés után nemzeti üggyé vált. Kassa városa már 1894-ben felajánlotta, hogy a felvidéki város legyen a kuruc hősök végső nyugvóhelye. Ennek a szellemében rendeztek a szabadságharc ereklyéiből kiállítást 1903-ban, a felkelés kitörésének 200. évfordulóján.

Nyulászi Béla kiadása, Kassa, Vént'sa 12.

A kassai Rákóczi-ereklyekiállítás fegyverterme.

1903. VIII./16.

Abaúj-Tornavármegye népies lovasbandériuma II. Rákóczi Ferencz és bujdosó társai hamvainak hazahozatala alkalmából Kassán, 1906. október hó 29-ikén.

A földi maradványok hazahozatalára 1906 októberében adott engedélyt a kormány. Október 27-én lépte át a határt a vonat, mely Rákóczi Ferenc, Zrínyi Ilona, Rákóczi József (a fejedelem pestisben elhunyt második fia), Bercsényi Miklós, Thököly Imre és mások hamvait szállította.

Október 28-án, Budapesten ravatalozták fel a koporsókat. Október 29-én, délután 5 órakor kerültek a kassai dómban végső nyugovóra. Október 30-án Thököly Imrét Késmárkon búcsúztatták. A gyászmenetben a vármegyék gyászruhás lovas bandériumai – képünkön Abaúj-Tolna vármegye – kísérték a gyászmenetet.

A menetben a fejedelem zászlóját és a hatalmát jelképező paripát a koporsók után vitték, illetve vezették. A koporsókat a Klobisiczky utcában épített díszsátorban ravatalozták fel.

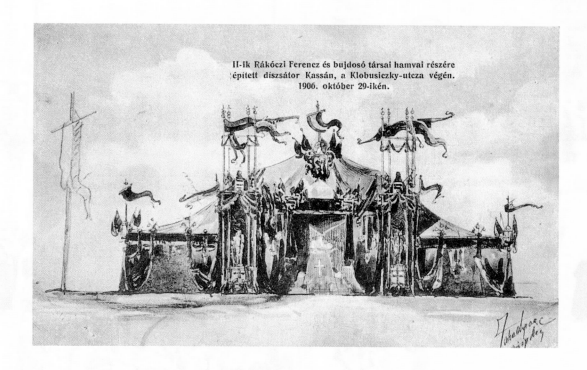

A ravataltól a gyászmenet kísérte a földi maradványokat a kassai dómtemplomig.

A „Honvéd-szobor" a leleplezés előtt.

Nyulászi Béla kiadása, Kassa, 1906.

Kassa.

1906   KASSA – KOŠICE

1906. szeptember 9-én avatták fel Kassán a honvéd szobrot. A kassai 9. honvéd zászlóalj hősies délvidéki harcaira és a dicsőséges tavaszi hadjáratban résztvevőkre emlékező mű felállítására 1898-ban 15 fős bizottság jött létre. A millenneum okozta nemzeti felbuzdulás Kossuth szobrokkal díszítette az országot. A kassai honvédemlékműre kiírt többszöri pályázatot Szamovolszky Ödön és Horvai János nyerték. 1906-ra – Rákóczi hamvainak hazahozatala évére – elkészült az emlékmű.

A „Honvéd-szobor" leleplezése Kassán, 1906. szeptember 9-ikén.

Nyulászi Béla kiadása, Kassa, 1906.

Kassa őslakosságának tüntetése a ledöntött honvéd-emléknél.

Az avatási ünnepség az akkori szokások szerint a dalegylet szereplésével, koszorúzással, szentmisével és díszebéddel rendben megtörtént. 1919-ben az ideiglenes szlovák kormány a nemzeti jelképek viselését és a nemzeti ünnepek megtartását betiltotta. 1919. március 17-én a szobrot ledöntötték. A tiltakozó tömegre sortüzet vezényeltek és két nő – egyik 13 éves – meghalt. Az ezt követő megtorlásoknak további négy magyar áldozata volt. A múzeum raktárába került szobrot a 20-as években beolvasztották.

Kassa   Honvéd-szobor

SZÉP FELVIDÉKÜNK II – ÉLJEN A HAZA!

1906 KASSA – KOŠICE

Az 1844-től fennálló tulipánszövetség a hazai termékek fogyasztásának támogatására jött létre. 1906-tól felvette pártfogoltjainak sorába a Franck kávét is.

1906 KASSA – KOŠICE

1906 a csodák éve volt Kassán. Fejedelmi temetés, honvéd szoboravatás, ipari kiállítás egy nyüzsgő, feltörekvő, múltját tudatosan megbecsülő közösség életjelei. A hazai ipart ismertető kiállítás megnyitására 1906. szeptember 8-án került sor.

A „Hazai ipart ismertető kiállítás" megnyitása Kassán, 1906. szeptember 8-án.

SZÉP FELVIDÉKÜNK II – ÉLJEN A HAZA!

1906 KISZUCZAÚJHELY – KYSUCKE NOVÉ MESTO

Az 1906-os tűzvész után diadalkapuval és magyar zászlóval fogadja a Trencsén megyei járásszékhely a megye főispánját.

1907 EPERJES – PREŠOV

1907. május 26-án rendezték meg az eperjesi kerületi tornaversenyt. A képünkön látható allegorikus rajzot Turek Gyula királyi katolikus főgimnáziumi tanár készítette.

A németprónai templomszentelés évében (1907) tartott műkedvelői színielőadás szereplői.

1907
NÉMETPRÓNA – NITRIANSKE PRAVNO

A Nyitra vármegyei, Privigye járásban található település lakóiról a templomszentelés évében, 1907-ben készült felvételünk, a műkedvelő színészekről.

1908   HEGYBÁNYA – ŠTIAVNICKÉ BANE

1908. október 1-én, Hegybányán diadalkaput állítottak a Kohl Medárd püspök által végzett bérmálás alkalmából.

Méltóságos Kohl Medárd püspök ur által végzett bérmálás alkalmával felállított diadalkapu Hegybányán, 1908. évi okt. 1-én.

Az eperjesi „Sancta Maria" intézet bennlakó növendékei kiránduláson.
Szalonnasütés Cemétén.

1908   EPERJES – PREŠOV

Az angolkisasszonyok 1882-ben Eperjesen alapított intézetének bennlakó növendékei 1908. tavaszán kirándulást tettek Cemétére.

1909   RAJECFÜRDŐ – RAJECKÉ TEPLICE

A szlovákok lakta, Trencsén megyei fürdőhely gyógyulásukért hálás vendégeinek adományaiból 1909-ben kápolna épült.

Rajeczfürdői kápolna épités alatt
1909. május hóban.

Fülek hajdani vára (1500—1650).

1908   FÜLEK – FILAKOVO

Az 1254-ben először várként említett helység nevét van, aki a keltákra, van aki a szlovákokra vezeti vissza. A Csák Mátét a XIV. században, Giskra huszita vezért a XV. században megszenvedett erősség fénykora a török időkkel jött el. A várat az oszmán hódítók a legenda szerint csak árulással tudták 1554-ben elfoglalni. A vár hősies visszavívására 1593-ban került sor. A XVII. század a várat éppúgy, mint a Felvidéket a magyar belharcok színterévé tette. Az erődítményben pusztító tűzvész megrendíti a település erejét.

1682-ben a kuruc-török csapatok véglegesen lerombolják a füleki várat.

A település gazdasági fellendülésének biztos jele az 1908-ban épített zománcedény- és kályhagyár volt. Az 1920-as hatalomváltás után a felszámolandó üzemek listájára került. Fennmaradását a munkásmozgalomnak köszönheti – innen a név „Vörös Fülek". 1990 után több részre szakadva maradt fenn. Napjainkban kádakat és nosztalgia „sparherd"-eket gyártanak itt.

Fülek. Zománcedény gyár.

Fülek. A Hősök kivilágított emléke.

1939-ben avatták fel a vár alatt az első világháború hősi halottainak emlékoszlopát.

A vár oldalára került propaganda-felirat kísérője – a kép jobb alsó sarkában – az 1935 után telepített betonbunker.

Fülek vára

Zur Erinnerung
an die Anwesenheit Sr. Majestät
des Königs zur Einweihung des Szt. Elisabeth-Kinderheim in Pozsony am 1 Juni 1909.

1909 POZSONY – BRATISLAVA

1909. június 1-én avatták fel Pozsonyban az Erzsébet Gyermekotthont. Az ünnepségen megjelent Ferenc József császár és király. Őfensége hintójából a pozsonyi főrabbival is méltóztatott szót váltani.

1910 LOSONC – LUČENEC

1910. szeptember 19-én avatták fel a losonci Kossuth szobrot, Holló Barnabás művét. A korabeli magyarázat szerint a talpazaton álló, bronzba öntött Kossuth a szabadságharc elvesztésén bánkódik, a lábainál fekvő sebesült honvéd pedig a harcokban sokat szenvedett Losonc városát szimbolizálja. 1919. januárjában az emlékművet a cseh légionáriusok ledöntötték – ekkor tört le a főalak feje. A szobrot a városon végigvontatva a tüzérlaktanya istállójába vitték. Itt találták meg 1969-ben. A beolvasztást sikerült elkerülni, de a felállítása…

Losoncz. Kossuth szobor.

SZÉP FELVIDÉKÜNK II – ÉLJEN A HAZA!

Poledniák Károly gépgyára Kassa.

Saját gyártmányu benzinmótorlokomobil.

1910   KASSA – KOŠICE

Poledniák Károly ekkortájt indította be malomépítészeti üzemét. A mezőgazdasági gépeket előállító vállalat a Fleischer öntöde részbeni utódjaként működött. Az készített „benzinmotor lokomobil" az ugyancsak a műhelyben készült cséplőgépek vontatására szolgált. A járműgyártás az „automobilszerű szekerek" irányába is folyt. A megye jégpályái számára hűtőturbinák is épültek a kassai gyárban.

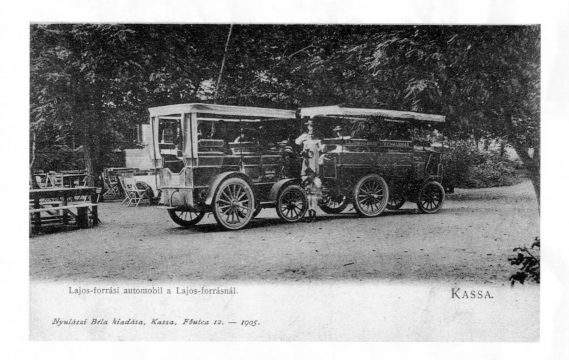

Lajos-forrási automobil a Lajos-forrásnál.   KASSA.

Nyulászi Béla kiadása, Kassa, Főutca 12. — 1905.

Üdvözlet Aranyosmarótról.   Kalvária felszentelése 1910. X|2.

1910   ARANYOSMARÓT – ZLATÉ MORAVCE

A Bars vármegyei székhelyen 1910. október 2-án szentelték fel a helyi kálváriát.

1911   POZSONY – BRATISLAVA

1911. szeptember 8-án Pozsonyban a Kossuth téren leplezték le Radnai Béla Petőfi szobrát. 1920 után ládába csomagolva, marhaistállóban tárolták a műalkotást. 1956-ban Pozsonyliget faluban újra felállították. A többségi türelmetlenség gondoskodik róla, hogy időnként megrongálják az emlékművet.

Pozsony. Az 1911 szept. 8-án leleplezett Petőfi szobor.

A templom előtti tér, ahol isteni tisztelet tartatott.

Az 1911. évi augusztus hó 3-án keletkezett tűzvész által elpusztult Rimakokova.

1911   RIMAKOKOVA – KOKOVA NAD RIMAVICOU

A Gömör-Kishont vármegyei, szlovákok lakta település megélhetése és végzete a fa- és papíripar volt. Az 1911. augusztus 3-án a helyi fatárolóban kitört tűzvihar a falut felperzselte, a templomot és a vendéglőt elpusztította.

Az 1911. évi augusztus hó 3-án keletkezett tűzvész által elpusztult Rimakokova.   Piac-tér.

79

Érsekujvári vasuti műhely-zenekar.

Üdvözlet Érsekujvárból.

ÉRSEKÚJVÁR – NOVÉ ZÁMKY

1850. december 16-án indult meg a vasúti közlekedés Pozsony és Párkány-Nána között, ezzel elkészült a Bécs–Pest vasúti összeköttetés. Az Érsekújváron átmenő vasútvonal hozzájárult a város gyors fejlődéséhez. 1870-ben a Komárom–Trencsén közötti északnyugati vasút megépítésének engedélyezése tovább erősítette a vonalon lévő Érsekújvár helyzetét. A városban vasúti műhely működött, a munkások saját zenekart alapítottak.

Noha a képeslap üzenete szerint gyakran az ötven tagból csak tizennégyen „cincogtak", akinek nem jutott az orchestra művészetéből, az állomási restiben vásárolhatott jókedvet az ottani cigányoktól.

Érsekujvár – Muzsikus czigányok a pályaudvaron.

ÉRSEKUJVÁR.   Az uj vasuti mozdony forditó.

A folyamatosan fejlődő vasúti csomóponton 1912-ben új mozdonyfordító korongot avattak.

A város együtt fejlődött a vasúttal. Bizonyítéka ennek az 1902-ben felavatott gázgyár.

Pozsony. *vár laktanya.* – Pressburg. *Schlosskaserne.*

1911 POZSONY – BRATISLAVA

Az 1802-ben papneveldéből laktanyává alakított épületben, 1811-ben tűzvész pusztított. 1911-ben 5 méter magas, egy méter számlap-átmérőjű órát állítottak a kaszárnya kapujába, a kimenőről elkéső bakák figyelmeztetésére. 1918. december 23-án – mikor a pozsonyi német néptanács kihirdette Magyarországhoz tartozni akarását – még a csehek elől visszavonuló csendőr és katonai egység töredékek (köztük a soproni 18-asok) tanyáztak itt. A várost 1919. január 1-én adták fel. Január 4-én visszaverték az invázorok kísérletét egy hídfőállás elfoglalására a déli parton.

1911 SZEPESSZOMBAT – SPIŠSKÁ SOBOTA

1911. augusztus 23-án a szepesszombati állomáson várakozó személyvonatba belerohant a Kassa-Oderbergi vasúttársaság Poprád-Podolin között közlekedő gyorsvonatának I.t osztályú mozdonya.

Szepesszombati vasuti szerencsétlenség 1911. augusztus 23-án.

Üdvözlet Szobránc-fürdőből.

Szobránc-fürdő a jövő században.

1911   SZOBRÁNCFÜRDŐ – SOBRANECKÉ KÚPELE

1911-ben így képzelték el a vágyálmokban világvárossá levő Szobráncfürdő jövőbéli közlekedését.

1912   FELSŐSTUBNYA – HORNÁ ŠTUBŇA

A döntően német és magyar nemzetiségű, Dél-Turócz vármegyei település lakodalmas menetéről a felvétel 1912-ben készült.

Üdvözlet Felsőstubnyáról.   Lakodalmas menet

1912   BÁN – BÁNOVCE NAD BEBRAVOU

Az úrnapi körmenet Bán főterén. A Trencsén megyei település lakosságának 10%-a volt magyar.

1913   KISGARAM / CSERPATAK – HRONEC / OSRBLIE

A feltűnően sok magyarok lakta, Kisgaram melletti, szlovák lakosságú Cserpatakon 1913. június 1-jén zászlószentelési körmenet tartottak.

Pozsony-Presshurg nach dem Brande am 17. Mai 1913
Vártelek utca és Miklós utca–Schlossgrundgasse und Niglogasse.

1913   POZSONY – BRATISLAVA

Pozsony városának gyakran meggyűlt a baja a vörös kakassal. Az 1655-ben tervezett koronázást a tűzvész miatt halasztották el. 1811-ben és 1849-ben városrészek égtek le. 1913. május 17-én, a Váralján az emeletes lakóházak közül 79 gyulladt fel és égett porig. A tűz martaléka lett a pozsonyi villamos vasút faszerkezetű kocsiszíne is.

Úrnapi körmenet — Processia Božieho tela

1913 DETREKŐSZENTPÉTER – PLAVECKÝ SVÄTÝ PETER

A XI-XII. században határvédő palócok által alapított faluban 1913-ban már tiszta szlovák lakosság ünnepelte az úrnapi körmenetet. A település 1910-ben a malackai járáshoz tartozott.

A szepességi ünnepi viseletbe öltözött család fényképe a XIX. század végén készült.

Falsö magyarországi családi csoport.   Oberungarische Familiengruppe.

1914   POZSONY – BRATISLAVA

1914. február 1-én indult meg a közlekedés a Pozsony-Bécs közötti villamosvasúton. A 60 km-es villamosított vonal az első volt a Monarchia történetében. Az itt közlekedő mozdonyok egyike kalandos élete során 1931-ben a Pécs-Komlói bányákhoz került és szolgált becsülettel a '80-as évekig. Napjainkban a Vasúttörténeti Parkban látható Budapesten.

Losoncz.

1914   LOSONC – LUČENEC

Az 1853-ban Besztercebányán alapított 25. császári és királyi gyalogezredet 1860-ban helyezték Losoncra. Az ezredzenekar 1900-ban még csak a hősies múltról zenélhetett. Az 1910-es évek elején a zenekar karmestere Lehár Ferenc volt.

Az 1914-ben felállított losonci K.u.K. tartalék kórház a véres jelenről szólt.

A 25. gyalogezred az első világháború kitörésekor a 27. hadosztállyal, a 4. hadsereg részeként az orosz frontra került. A háborút az olasz fronton, a József főherceg parancsnokolta 11. hadsereg részeként Asiago-ban fejezte be.

Losonczi cs. és kir. tart. kórház   K. u. K. reserve Spital in Losoncz

Az 1911. évi sáros- és zemplénmegyei nagy fegyvergyakorlatok tájékoztató térképe. — Orientierungs-Karte der großen Manöver in Sáros und Zempléner Comitate 1911.

1914-15
VILÁGHÁBORÚ A KÁRPÁTOKBAN

„A keleti front olyan, mint egy zizkov-i kocsma"-mondja Švejk – „ott mindig verekednek." A pártatlan szemlélődőnek is akad egy figyelmeztetése: „néha a nézelődők orrát is betörik".

Néhány császári és királyi Obertrottel vezette csapataink 1914. szeptemberén a lembergi csata elvesztése után szembesült a veszéllyel: a Bruszilov vezette 8. orosz hadsereg a duklai és az uzsoki szoroson keresztül, a KuK Galícián áttörve Magyarországra érhet. A Monarchia csapatai az 1911-12-es Sáros és Zemplén megyei hadgyakorlatokon erre készültek.

Az 1914. november 12-i iwanogorodi csatavesztés után a Kárpátokig vonultak vissza. December elején az oroszok elfoglalták Zborót, a cseh csapatokra bízott Bártfát és Szropkóig nyomultak.

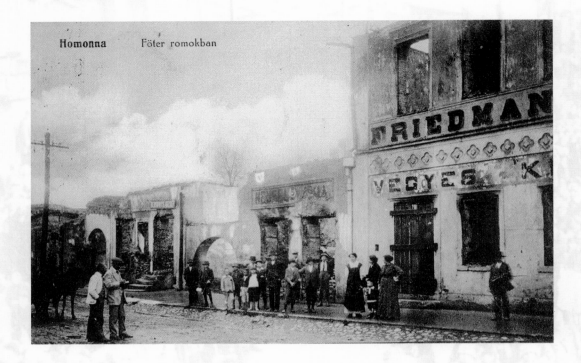

Homonna   Föter romokban

A másik szárnyon november 23-án Bruszilov egyik hadteste elfoglalta Homonnát. Ekkorra az orosz csapatok lényegében áttörtek a Kárpátokon és a magyar Alföldre való kijutással fenyegettek.

Homonna az orosz invasio után

A felszabadult Homonnán, az Andrássy kastély előtt, középen az öreg kulcsár,
akit az oroszok úgy megkinoztak

Borojevic tábornok a Kassára való visszavonulást fontolgatta. Az orosz hadvezetés új prioritásokat állított parancsnokai elé. Bruszilov csapatait két hadtesttel meggyengítették. Ezekkel az erőkkel a Kárpátoktól északra, Krakkó irányába szándékoztak támadni. Az un. limanovai üzközetben a Monarchia csapatai megállították ezeket az orosz seregtesteket. A soproni 9-es huszárezred hősiessége azóta is elismert. A soproni huszárok lóról szállva, karabéllyal a kézben feltartóztatták az ellenség előrenyomulását. A csatában az oroszok harmincezer hadifoglyot vesztettek. Szurmay tábornok az erdélyi honvédekkel délről a Dukla hágóig szorította vissza az oroszokat.

ÜDVÖZLET VARANNÓRÓL.   Világháború emlék. Orosz foglyok Varannón.

2. Sárosvármegyei harcterek 1914—15 — Kriegschauplatz vom Comitat Sáros
(Karpathengebiet Oberungarn)

A zborói hid   Die Brücke von Zboró

1915. januárjában folytatódott a kárpáti csata. Az oroszok célja már a Budapest irányába történő előretörés, az osztrák-magyar csapatoké pedig Premysl erődjének a felmentése volt. A hullámzó harcok Sáros és Zemplén vármegye északi részét érintették. A menekültek tömege érkezett Kassán keresztül Magyarországra. A Monarchia csapatainak a helyzetét nehezítette néhány árulás is. 1915 márciusában a 28-as prágai ezred az utolsó emberig átállt az oroszok oldalára. 1915 tavaszára sikerült a hadi helyzetet stabilizálni. Premysl ugyan elesett, de az orosz előretörést is sikerült megállítani. A fordulatot az 1915. május 2-i gorlicei áttörés hozta: az osztrák-magyar és a német hadsereg összehangolt támadása, több orosz hadsereg bekerítését okozva, felmentette a magyar területeket is.

21. Sárosvármegyei harcterek 1914—15 — Kriegschauplatz vom Comitat Sáros
(Karpathengebiet Oberungarn)   Részlet Zboróról — Partie von Zboró

23. 'Sárosvármegyei harcterek 1914—15 — Kriegschauplatz vom Comitat Sáros
(Karpathengebiet Oberungarn)

A Szirmay-kastély Zborón   Szirmay'scher Kastell in Zboró

Az oroszokat a teljes összeomlástól csak a szövetségesek marne-i támadása, illetve Olaszország hadba lépése mentette meg.

Az oroszoktól visszafoglalt területeken az ellenség a felperzselt föld taktikáját alkalmazta. Sáros…

62. Sárosvármegyei harcterek 1914—15 — Kriegschauplatz vom Comitat Sáros
(Karpathengebiet Oberungarn)

Train osztag egy elpusztitott faluban   Train Abtheilung in einer bombardirten Ortschaft

... és Zemplén vármegyékben.

27. Az oroszdulta Zemplén   A nagypolányi
                                    templom 1914—15

21. Az oroszdulta Zemplén.   Zarándok-ház a laborczrévi bazilita monostor előtt

6. Az oroszdulta Zemplén

A kávéház Homonnán
Az ott mulató orosz tisztek feje fölött
saját parancsnokuk gyujtotta fel

14. Az oroszdulta Zemplén   A kócsai r. k. és g. k. közös templom 1914—15

1914. PÁNCÉLVONATOK

1914 évének őszén, a galíciai fronton szerzett tapasztaltok
hatására kezdte meg a Monarchia a páncélvonatok építé-
sét. Az első kettő géppuskával felszerelt felderítő szerelvény
volt. A következőket már 70 mm-es hajóágyúval látták el.
Részt vettek a Sáros- illetve Zemplén vármegyei harcok-
ban, a mezőlaborci vasúti központ visszafoglalásában. Fel-
ső képünkön a IV. számú páncélvonat tüzérvagonja látható.
A két Felvidéken maradt szerelvény közül az egyik részt
vett a Tanácsköztársaság vezetésével a Felvidék visszafogla-
lásában (a másik, IC. számú páncélvonatot a Nagyszombat
közelében lévő halmosi pályaudvaron a szlovák vasutasok
vakvágányra tolatták, így a csehek kezébe került. Később
Orlik néven a csehszlovák hadseregben szolgált.
A második képen látható IX. sorszámú páncélvonat a ka-
rintiai Villachban készült, 1915-ben az olasz front után
harcolt az oroszok kiűzésénél a Felvidéken. 1916. augusz-
tus 16-án Erdélyben a román csapatokkal vívott csatában
tüzérségi találatot kapott. A Tanácsköztársaság idején a ro-
mán fronton harcolt.

öst. Panzerwagon.

Üdvözlet Nyitráról   Honvéd tüzér-sátor tábori főőrség

1914   NYITRA – NITRA

Az 1914-es hadrend szerint a nyitrai 14-es honvéd gyalogezred és a nyitrai 4. honvéd tábori ágyús ezred a pozsonyi V. hadtesthez tartozott (a 18. soproni ezreddel). A hadüzenet után a 37. hadosztályhoz besorolt nyitrai ezredek az orosz frontra kerültek, az I. hadseregbe. A felvidéki legények hősiesen harcoltak a krakkói csatában. Iwanogorodnál veszteségeket szenvedtek, 1915. januárjában a 3. hadsereghez (Borojevic) került a 37. hadosztály és részt vett az uzsoki szoros visszafoglalásában. Február 11-re az orosz túlerő a San folyón innenre szorította őket vissza, nem sikerült Przemysl felmentése. Az 1915. júniusi Bruszilov offenzíva és a júliusi koveli csata 50%-os embervesztéséget okozott a 14-es honvédeknek. 1916. őszén az erdélyi fronton vetették be az ezredet. A Marosvásárhelytől északra támadó egység 6 nap alatt szorította a románokat a határig. 1916–17-es telet nehéz időjárási viszonyok között a Békás-szoros és a Tölgyes-hágó környékén harcolták át. A oroszországi forradalom idején a keleten felszabaduló katonákat a nyugati frontra, a németek megsegítésére vetették be. Strassburg környékén érte őket a béke. Képeinken a nyitrai tüzérek tábora.

Az I. világháború egyik legeredményesebb tüzérfegyvere a harminc és feles mozsár.

A harminc és feles mozsár
Ein 30½cm Mörser.

Czorbadomb - Karpathen des Uzsokerpasses - Gesprengte Eisenbahnbrücke.

Az 1914-ben felrobbantott és a nyitraiak támogatásával visszafoglalt uzsoki vasúti híd.

IV. Károly látogatása a kivérzett 14. gyalogezrednél.

Őfelsége látogatása az ezrednél

1914 ZÓLYOMBREZÓ – PODBREZOVÁ

A zólyombrezói pályaudvaron a breznóbányai vagy a nyustyai fegyvergyárban készült, 75/96 mintájú, 90 mm-es tábori ágyú bevagonírozása folyik. A hadiipari központ az 1848-49-es szabadságharcot 20 000 tüzérségi lövedék gyártásával segítette.

1915 NAGYŐR – STRAŽKY

Háborús idők. A Szepes vármegyei Nagyőrön élő Czobel Margit (született Mednyánszky bárónő) a képeslap útján keres szemtanúkat, akik ismerik a haslövéssel orosz fogságba került fia sorsát.

Kriegsgefangener

STEFAN VON CZOBEL

Leutnant im 5-ten Honvéd-Husaren-Regiment. Geboren 1894 in NAGYŐR, Comitat Szepes in Ungarn, gefangen am 6. Juli in Otava bei Galusia, Wolhynien, verwundet mit einem Bauchschuss über der linken Hüfte, nach Kiew abgeführt, seitdem verschwunden. Wer ihm sah, wird gebeten Nachricht zu geben

MARGIT VON CZOBEL
geb. Baronin Mednyánszky
Nagyőr (Com. Szepes), Ungarn.

Id. Weinwurm A., Budapest 43715

1915   TRENCSÉNTEPLIC – TRENČIANSKE TEPLICE

Az I. világháború sebesültjei a kénes hőforrásokban és az iszapfürdőkben kerestek enyhülést sebesülésük fájdalmaira.

1915   BARSTASZÁR – TESÁRE NAD ÈINATOV

Az aranyosmaróti járásbeli település Malonyával egyesülve ma már a Tesárske Mlyňany nevet viseli. 1915-ben az úrnapi körmenet idején a résztvevők 10%-a még magyar volt.

Üdvözlet Barstaszárról.

Csehberek község szél által elpusztult részlete *916 jun. 10-én*

1916 CSEHBEREK – ČESKÉ BREZOVO

1916. június 10-én szélvihar pusztított a losonci járásban, Csehberekben. Idézet a képeslap hátoldaláról: „a képen látható némileg, milyen lehetett Csehberek a vihar után, de még sokkal rosszabb volt, mint a képen látszik. A terméskőből épült templom romokban hever, mert magas helyre épült. Általában az új magas házak többet szenvedtek. A kár igen nagy volt."

1916 LÉVA – LEVICE

A Bars vármegyei, világháborús hősöknek a pozsonyi honvédkerület emlékművet szándékozott állítani Léván. Az 1916-ban elkészített terv Weinwurm Frigyes műépítész és Konyarek János szobrász alkotása volt. Az emlékmű nem készülhetett el. A hősökről Kerényi Imre műve emlékezett meg, mely a Felvidék visszatérte után, 1943-ban lett felavatva.

Barsvármegye elesett hőseinek emléke Léván.

Pozsonyi honv. ker, épitési osztálya. Tervezte: Weinwurm Frigyes müépitécz, Szobrokat tervezte: Konyarek János szobrácz

Rózsahegyi rokkant kórház a parancsnoksági épülettel

1917 RÓZSAHEGY – RUŽOMBEROK

A mai Lengyelország területén ide-oda hullámzó frontvonalak bőséggel ellátták a kórházakat sebesültekkel. A végtagsérülések ellátásának gyakran egyetlen gyógymódja – penicillin! – az amputálás volt. Őket fogadta be a rokkantkórház. Rózsahegyhez tartozik Csernova település. 1907-ben a rózsafüzéres Szűz Máriának szentelt templom avatásán csendőrsortűz megölt 15 helybélit. Ők a templom építésének kezdeményezőjét, Andrej Hlinkát szerették volna szabadon látni. A tömeggyilkosság a szlovákoknak magyarok által történő elnyomásának lett a jelképe.

1918 HUSZT – KHUST (a település 1919 után Csehszlovákiához került, ma Ukrajnához tartozik)

1918. májusában a Huszton állomásozó 7. hadsereg 2. kiképzőközpontja jótékonysági „Károly király hetet" rendezett. Az esemény fél millió koronás bevételét a hadiárvák megsegítésére fordították. Képünkön a település főutcájánál emelt diadalkapu látható.

1918 BESZTERCEBÁNYA – BANSKÁ BYSTRICA

A Besztercebányáról és környékéről feltöltött császári és királyi 112. gyalogezred és a magyar királyi 16. honvéd gyalogezred vérrel fizetett a hadi dicsőségért. Az orosz, olasz, francia fronton megsebesült katonák a besztercebányai hadigondozó intézetben gyógyulhattak.

1918 KOMÁROM – KOMARNO

1918. november 16-án a 12-es komáromi gyalogezred – részben a katonai kórházból megszökő harcosai – kiverték a cseh megszállókat Ruttkáról és Zsolnáról.

1918   POZSONY – BRATISLAVA

Képünkön Habsburg Ottó, IV. Károly és Bourbon-Pármai Zita elsőszülötte, apja utolsó, királyként tett város-látogatásán 1918. őszén Pozsonyban látható. Die Zigauner und die schöne Ungarinen köszöntik a trónörököst. A 17. laibachi (Ljubjana) gyalogezred tulajdonosa gondolt-e hat éves korában arra: ezek az együttélésre ítélt népek a szükség törvénye ellen hányszor fellebbeznek majd.

1919   BALASSAGYARMAT

1919. januárjában a város lakói kiűzték a megszálló cseh csapatokat (ezzel elnyerték a legbátrabb város, Civitas Fortissima címet). A véres harcokra 1919. január 29-én került sor. Az összecsapások 21 emberéletet követeltek. A harcokban megrongálódott az Ipoly hídja is.

BALASSAGYARMAT. Részlet a trianoni határról A lerombolt Ipolyhid

1919 TANÁCSKÖZTÁRSASÁG

1918. október 28-án Prágában megalakult a Cseh Köztársaság. Másnap, október 29-én Turócszentmártonban létrejött a Szlovák Nemzeti Tanács és kinyilvánította együttműködési szándékát a Cseh Köztársasággal. Liptó vármegyében a közigazgatás vezetése szlovák kézbe került. A Szepességben feltűntek a Pilsudski vezette lengyel légió csapatai. 1918. novemberének első hetében a Dévénynél és Ruttka felől Magyarországra törő cseh légionáriusokat a magyar karhatalmi erők kiszorították az országból. 1918. november közepén Cseh- és Morvaország mozgósítja katonai szolgálatra a 18 és 45 év közötti férfi lakosságot.

1918. december 11-én Kassán Dvortsák Győző kikiáltotta a Szlovák Köztársaságot. 1919. január 1-re a csehek megszállták Pozsonyt és Kassát. Dvortsák Magyarországra menekült. Cseh- és Magyarország között fegyverszünet jön létre a Duna-Ipoly-Kassa Dél-Ung vonalon. A megszállt területeken rendkívüli állapot van. 1919. február 12-én Pozsonyban sortüzet vezényelnek a tüntetőkre, 7 halott és 23 sebesült a következmény. 1919 márciusára a csehek kinyilvánítják igényüket 14 felvidéki vármegyére. A francia tisztek által vezetett csapataik 1919 áprilisában Nógrád vármegyét, ...

... áprilisban Abaúj és Zemplén vármegyét próbálják elfoglalni.

1919. április 27-én a csehek elfoglalják Ózdot, Miskolcot, Putnokot. 1919. május 9-én induló Északi Had-járatban a Magyar Vöröshadsereg felszabadítja Miskolcot, Kassát.

Június 9-re elfoglalja Nagymihályt, Eperjest, Rozsnyót, június 10-én Bártfát és kijut a lengyel határra.

Nyugaton Érsekújvár-Zólyom vonalig jutnak a magyarok. 1919. június 24-én a tisztességes béke reményében a magyarok megkezdik a visszavonulást a felszabadított területekről.
Idézet egy vörös katonától: „A fiúk közül sokan főbelőtték magukat a visszavonulási parancs hallatán."

1919   PÁRKÁNY – ŠTÚROVO

Az I. Ferenc József lányáról, Mária Valériáról elneve-
zett 498 m hosszú hidat 1895. július 22-én (más ada-
tok szerint 26-án) a Szob-Ipolyság irányába támadni
készülő cseh légionáriusok az Esztergomból várható
szárnytámadás kivédésére felrobbantották a híd Pár-
kány felöli nyílását.

Az Esztergomban állomásozó vörös csapatok részét
képezte a 18-as soproni gyalogezred egy osztaga is.

A híd teljes helyreállítására 1927-ig kellett várni.
1944. december 26-án a német megszállók a híd há-
rom középső ívét robbantották fel. 2001. október
11-én adták át az újjáépített hidat.

Válečná vzpomínka. – Do vzduchu vyhozený most přes Dunaj. – Párkány.
In die Luft gesprengte Donaubrücke in Párkány.
Felrobbantott Dunahíd Párkányban.

1919 FÜLEK – FILAKOVO

1919. szeptember 17-én, éjjel két órakor Fülek és Somoskőújfalu között két szerelvény összeütközött. A személyvonat és a magyar menekültek bútorait szállító tehervonat katasztrófája cseh területen történt (Somoskő-újfalu 1934-ig Csehszlovákiához tartozott).

Nógrád-Hont vármegye Baráti község Szarvas korcsma, melynek jobboldali ajtaja a határkiigazítás előtt cseh területre esett.

County of Nográd-Hont, community of Baráti the inn Szarvas, the right door of which has been Tchechoslovukian territory before the frontier regulation
Village Baráti, comitat de Nográd-Hont: auberge villageoise dont une porte (à droite) était en territoire tchécoslovaque avant la rectification de la frontière.

1919   PÁRIZSI BÉKE

A párizsi békeszerződés elhamarkodottságára és egyoldalúságára hívják fel a figyelmet a mellékelt képeslapok.

A Nógrád-Hont vármegyei Baráti községben a Szarvas kocsma jobboldali ajtója a határkiigazítás előtt cseh területre esett.

Zemplén vármegyében, Sátoraljaújhelynél a csehek által hajózhatónak állított Ronyva patak, mint határ.
A határkitűzős képen a ferde cölöpöt az elfogyasztott bor magyarázza. A birtokok kettészakítását elkerülni akaró gazdák a francia tiszteket derekasan leitatták.

Zemplén vm Sátoraljaújhely: A csehek által hajózhatónak állított Ronyva patak, mint határ.

County Zemplén, Sátoraljaujhely: The new frontier the brook of Ronyva, which has been declared as being navigable by the Tchechs.
Departement Zemplén, Sátaraljaujhely: Le rouisseau Ronyva, declaré par les Tcheques comme navigable, comme frontière.

Korabeli magyar propaganda-képeslap.

1923   POZSONY – BRATISLAVA

1923 tavaszán Pozsony közelében a csehszlovák vasu-
tak – MÁV-tól örökölt – Pacific sorozatú mozdonya
által vontatott szerelvény hibás váltóállás miatt a pá-
lyán várakozó személyvonatba rohant.

A somorjai rőm. kath. templom 200 éves jubileuma.

Csányi Márton
s. lelkész.

Bresztyák Sándor
plébános.

-1722-   -1922-

Kiadja a somorjai oltáregyesület.

1922   SOMORJA – ŠAMORIN

Ezzel a képeslappal emlékezett Bresztyák Sándor plébános és Csányi Márton segédlelkész a török és kuruc háborúk multával újjáéledő csallóközi település római katolikus templomának bicentenáriumára.

1923   KASSA – KOŠICE

Vasúti hajtányos jókívánságait küldi a Frölich család Magyarországra.

Látkép

Cseh erődítmény a trianoni határon (Erzsébetsziget) **Komárom** *Cseh erődítmény a trianoni határon (Erzsébetsziget)*

1935   KOMÁROM – KOMARNO

1935-ben fogadta el a prágai kormány azt az erődítési tervet, miszerint Csehszlovákiát – tekintettel a háborús veszélyre – 1276 nagy 15463 kis bunkerral szándékoztak megvédeni... A magyar határra is jutott jócskán az erődítményekből – Komáromba például három is. A történelem megkerülte az építményeket. Az 1945 után megmaradt, ismét katonai célra használt betonlyukakat napjainkban privatizálni próbálják.

1935   CSAP – CHOP (ma Ukrajna)

1935. szeptember 15-én, a csapi állomáson a csehszlovák vasutak 334-es osztályú mozdonya tolatás közben kisiklott.

1937   KOMÁROM – KOMARNO

1937 áprilisában Komárom és Zebegény között az árvíz alámosta a vasúti vágányokat.

1938. augusztus 13-14-én mutatták be Léván Kacsóh Pongrác „János vitéz" című daljátékát. A képeslapok az előadás plakátjaiból készültek, alkotójuk Taby Ica híres lévai képzőművész.

1938. augusztus 13-14-én mutatták be Léván Kacsóh Pongrác „János vitéz" című daljátékát. A képeslapok az előadás plakátjaiból készültek, alkotójuk Taby Ica híres lévai képzőművész.

1938

Az 1938. szeptember 29-i müncheni paktum kötelezte Csehszlovákiát, hogy három hónapon belül jusson megállapodásra Magyarországgal és Lengyelországgal a vitás határkérdésekben. 1938. október 9-13 között Révkomáromban zajlottak a magyar-csehszlovák határtárgyalások. A csehszlovák fél első ajánlata a kiigazításra a Csallóköz területe volt, Komárom nélkül. A második kompromisszumos javaslatban Párkány környékét is felajánlották, a harmadikban magát Komáromot is. A magyar fél egyik javaslatot sem fogadta el, ezért Bécsben olasz-német választott bíróság döntött a kérdésben.

1938. november 2-án 9-kor hozták nyilvánosságra a döntést, miszerint visszatért Magyarországhoz 12400 km^2 terület, rajta 1,1 millió ember. A lakosság döntő többsége, 86%-a magyar nemzetiségű volt. Az öt visszaigényelt nagyváros (Pozsony, Nyitra, Komárom, Kassa, Munkács) közül az utóbbi három került Magyarországhoz. A visszacsatolásra 1938. november 5-10 között került sor (Ipolyságot és a sátoraljaújhelyi állomást a cseh fél jó szándéka jeléül már októberben visszaadta). Az új országrészek közül a Csallóközt a II. hadtest, Ipolyság környékét az I. hadtest vette birtokba. Munkácsra a IV. hadtest vonult be. A galántai járásban lévő Vága a határkiigazítási tárgyalások eredményeként 1939. március 14-én tért vissza Magyarországhoz. A bevonuló magyar csapatokat mindenhol óriási lelkesedéssel fogadták. Íme az egyik képeslap szövege: „Kedves Szüleim! Szívélyes üdvözletem a felszabadított Csallóközből. Gyönyörű élmény volt számomra a sok nemzeti színű zászló, boldog mámorban úszó község és falu. Tüzéreimet szétszedik a nagy örömben. Reméljük ez így marad. Tisztelettel fiuk: Ödön (Nagyudvarnok, 1938. november 7)"

A képeslap hátoldalán olvasható szöveg:
„1938. november 5. A Felvidék felszabadulásának
emlékére döntik a trianoni határokat!"

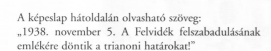

A képeslap hátoldalán olvasható szöveg:
„1938. november 5. A Felvidék felszabadulásának
emlékére döntik a trianoni határokat!"

A képeslap hátoldalán olvasható szöveg:
„ A Felvidék felszabadulásának emlékére. Galánta, 1938. november 5-10.”

A képeslap hátoldalán olvasható szöveg:
„ A Felvidék felszabadulásának emlékére. Galánta, 1938. november 5-10.”

SZÉP FELVIDÉKÜNK II – ÉLJEN A HAZA!

„Vitéz Nagybányai Horthy Miklós, Magyarország kormányzója bevonul a felszabadított Felvidékre. Komárom, 1938. november 6."

A képeslap hátoldalán olvasható szöveg:
„A Felvidék felszabadulásának emlékére Guta 1938. november 5-10.

SZÉP FELVIDÉKÜNK II – ÉLJEN A HAZA!

A képeslap hátoldalán olvasható szöveg:
„A Felvidék felszabadulásának emlékére. Érsekújvár,
1938. november 8."

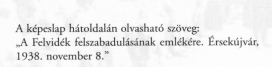

A képeslap hátoldalán olvasható szöveg:
„A Felvidék felszabadulásának emlékére. Érsekújvár,
1938. november 8."

Párkány   Bevonulás 1938. XI. 6.-án

A képeslap hátoldalán olvasható szöveg:
„1938. november 6-án Csehszlovák parlamenterek Párkány átadásáról tárgyalnak.

Magyar csapatok bevonulása Párkányba, 1938. november 6-án.

Párkány   Bevonulás 1938. XI. 6.-án

Vága település a határkiigazítási tárgyalások eredményeként 1939. március 14-én tért vissza Magyarországhoz.

A képeslap hátoldalán olvasható szöveg:
„A Felvidék felszabadulásának emlékére. Fülek, 1938. november 5-10."

A képeslap hátoldalán olvasható szöveg:
„A magyar királyi honvédség bevonulása Lévára. 1938. november 10."

A képeslap hátoldalán olvasható szöveg:
„A magyar királyi honvédség bevonulása Lévára. 1938. november 10."

A képeslap hátoldalán olvasható szöveg:
A Felvidék felszabadulásának emlékére Losonc 1938. nov. 10.

A képeslap hátoldalán olvasható szöveg:
„Losonc visszatért 1938. november 7."

A képeslap hátoldalán olvasható szöveg:
„A Felvidék felszabadulásának emlékére. Rozsnyó, 1938. november 8.”

A képeslap hátoldalán olvasható szöveg:
„A Felvidék felszabadulásának emlékére. Rozsnyó, 1938. november 8.”

A képeslap hátoldalán olvasható szöveg:
„A Felvidék felszabadulásának emlékére. Rimaszombat, 1938. november 10."

Kassa, 1938. az Orbantorony a virágokból kirakott magyar koronával és címerrel.

A képeslap hátoldalán olvasható szöveg:
„Kassa, 1938. november 11. Honvédeink díszmenete Magyarország kormányzója előtt."

Bevonulás Tornára 1938 november 10.

A Felvidék visszatérte alkalmából kiadott postabélyegek és ünnepi pecsétek.

A Felvidék visszatérte alkalmából kiadott
postabélyegek és ünnepi pecsétek.

Udvard   *Országzászló a Hősök emlékművével*

1938   UDVARD – DVORY NAD ŽITAVOU

1938-ban avatták fel a település első világháborús hőseinek az emlékművét. A feliraton 136 név volt olvasható. 1948 után a szobrot helyreállították és újabb 96 név került rá. Az országzászló 1940 és 45 között lobogott a téren.

1938   SZÖGYÉN – SVODÍN

Az 1938-ban Magyarországhoz visszatért településeken az egyik első feladat az első világháborúban elesettekért történő megemlékezés volt. Szögyénben 1938. novemberében avatták fel a hősök szobrát.

Róm. kath. templom — Száduduarnok — Turistaház — Gedeon M. üzlete — Országzászló (Felszabadulás 1938. XI. 7.)

Nagymagyar — Országzászló

1938
SZÁDUDVARNOK – ZADIELSKE DVORNIKY

A település 1938. november 7-i felszabadítására emlékezett a faluban felállított országzászló.

1939   NAGYMAGYAR – ZLATÉ KLASY

1939-ben a hősök szobrához csatolva emelték az országzászlót.

1939 KÁRPÁTALJA – POD KARPATYIJE

A történelmi Bereg és Ung vármegyék területén többségében élő rutén-ruszin nyelvű népességnek nem voltak elszakadási törekvései 1918-ig, ezért a magyar kormányzat könnyen megállapodott a területén élő népcsoportok vezetőivel, és így létrejöhetett „Ruszkaja Krajna" autonóm terület 1918 őszén. A nagyétvágyú hazaalapító csehek azonban kinyilvánították szándékukat a terület bekebelezésére. A szót tett követte, csapataik 1919. január 12-én már Ungvárra vonultak be. A Budapesten 1919. március 21-én megalakult Kommün társszervei – a helyi direktóriumok – 1919 március végére a Kárpátalja területén is létrejöttek. A vörös csapatok felvették a harcot az előrenyomuló csehekkel. 1919. április második felében véres harcok színtere lett Csap környéke. A magyar és a kárpátaljai vörösök ellenállását csak május 6-ra tudták megtörni. 1919. szeptember 10-én a párizsi békeszerződés Csehszlovákiának ítélte az egykori Ung, Bereg vármegyéket, sőt Máramaros egy részét is. A húsz éves Csehszlovákiához tartozása a területnek nem okozott lényegi változásokat sem a terület népességi adataiban, sem gazdasági elmaradottságában.

Csehszlovákia szétesése a müncheni konferencián elkezdődött. Az európai hatalmak amilyen egyszerűen adtak területeket a párizsi békében, olyan egyszerűen látták az európai béke zálogát a csehszlovák területek elvételében. Az 1938. szeptember. 28-i müncheni döntések után október 9-én magyar-csehszlovák tárgyalások kezdődtek Komáromban a határkiigazításról. Az eredménytelenül félbeszakadt tárgyalások felei német-olasz döntőbíráskodást kértek. Az október 27-én született határozat szerint Magyarország visszakapta a magyar lakosságú területeket és Kárpátalján Ungvárt, Beregszászt, Munkácsot, Csapot. Azokon a hegyvidéki területeken, ahol rutén többségű népesség élt, létrejött Kárpátalja autonóm tartomány a föderatív államban. 1938. november 10-ig így tért vissza Beregszász.

A képek szövege: A Felvidék felszabadulásának emlékére. Beregszász, 1938. november 10.

UNGVÁR – UZSGOROD

A kép szövege: Csendőreink a visszatért Ungváron 1938. november 12.

CSAP – CSOP

Horthy Miklós Csapon fogadja a bevonulók díszmenetét.

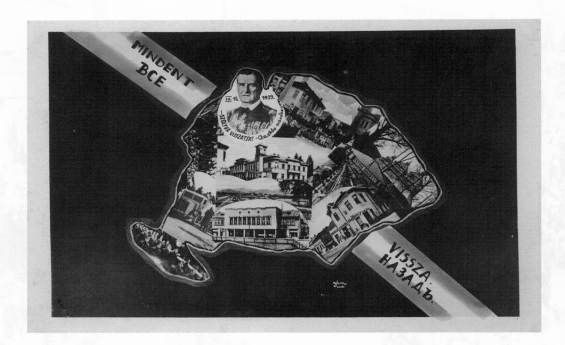

Kárpátalja magyarok lakta településeinek visszatérése után fennmaradt a magyar törekvés: „mindent vissza".

A mások oldalon a Volosin Ágoston vezette kárpátukrán mozgalom állt, önálló államra való törekvésével. Volosin már 1918-ban a rutén nemzetiség vezetőjeként tárgyalt IV. Károllyal. 1938. őszén megalapította Szics Gárdát, a „Karpatszkaja Ukrajna" mozgalom fegyveres szárnyát. Képünkön 1938. őszén a tartományi fővárosban, Huszton látható Volosin gyűlése.

1938. őszén készült a munkácsi fényképfelvétel a munkácsi rabbi esküvőjéről.

1939. január 6-án az oroszvégi határőrsöt támadás érte. A Kárpátaljából átszivárgó Szics gárdisták elfoglalták a falut, majd a Latorca hídját Munkács irányába. A támadásra cseh tüzérségi fedezet mellett került sor.

A hídon felállított golyószórót a közeli házban lakó 8 térképésztiszt foglalta vissza kézitusában, közülük négyen életüket vesztették. A támadókat rendőrökből, csendőrökből, összefutott katonákból álló csapat visszaverte. Az agressziónak 7 fő magyar áldozata volt, az ellenség hivatalos adatok szerint 41 halottat és 64 sebesültet vesztett. A fotók a magyar áldozatok temetésén készültek.

Fellvételek a cseh-ukrán támadás magyar áldozatainak temetéséről.

1939. március 14-én Pozsonyban kikiáltották az önálló szlovák államot. Ugyanaznap Huszton Volosin is deklarálta az önálló ukrán államot. 1939. március 15-én a magyar csapatok bevonultak a Kárpátaljára. A korábban Ugocsa vármegyei Veresmartnál szétverték a Szics gárda csapatait. Képünkön magyar honvédek elesett Szics gárdistát őriznek.

Fancsikánál a felvonuló magyar tüzérség lóvontatású páncéltörő ágyúval kilőtte az első cseh páncélost, a többi megfutamodott.

Március 16-án a magyarok elfoglalták a Kárpát-ukrán fővárost, Husztot. Március 18-án csapataink a vereckei hágónál és Uzsoknál (18. kerékpáros zászlóalj) elérték a lengyel határt, ahol baráti találkozásokra került sor.

SZÉP FELVIDÉKÜNK II – ÉLJEN A HAZA!

Március 16-án a magyarok elfoglalták az Kárpát-ukrán fővárost, Husztot. Március 18-án csapataink a vereckei hágónál és Uzsoknál (18. kerékpáros zászlóalj) elérték a lengyel határt, ahol baráti találkozásokra került sor.

Lengyel, magyar testvérbarát   Polak, Węgier dwa bratanki
Kardját tekintsd vagy poharát...   I do szabli i do szklanki ...
Vitéz s bátor mindkétfajta,   Obaj zuchy, obaj żwawi,
Istenáldás legyen rajta!...   Niech ich Pan Bóg blogoslaw!!...

Őrház az 1000 éves magyar határon.

Kőrösmező.   Tatárhágó.

A korábbi Máramaros területén, a mai Ukrajnában a magyar-szovjet határ.

KŐRÖSMEZŐ.   Magyar—orosz határ.

1941. március 23-án Lavocsnén a vasúti határátke-
lőhelyen a baráti szomszédság bizonyítékaként (vagy
talán az új világhoz való alkalmazkodó képesség jele-
ként) visszaadta Magyarországnak az 1848-49-es
szabadságharc idején zsákmányolt magyar honvéd-
zászlókat.

További történések
– 1944. október 2-án elfoglalják Ungvárt a szovjet
csapatok.
– 1944. november. A londoni cseh emigráns kor-
mány megbízottja Husztra érkezik.
– 1944. december. Megkezdődik mintegy 40 000
kárpátaljai magyar deportálása. 1946-ra hetven szá-
zalékuk meghal.
– 1945. június 29. Klement Gottwald moszkvai tár-
gyalásai után Kárpátukrajna kilép a csehszlovák ál-
lamból.
– 1947. június 17. Nagydobrony. A kiéheztetett falu
termését a begyűjtők összeszedik. Egyik helyi lakos
felgyújtja a gabonát. A falut a hadsereg egyik zászló-
alja bekeríti, elzárja a külvilágtól és az Ungvárról fel-
szálló bombázók foszforbombákkal felgyújtják a fa-
lut. A következő támadásnál repeszbombákkal kiolt-
ják a maradék életeket.

MAGY. KIR. „HORTHY MIKLÓS" HONVÉD REPÜLŐ AKADÉMIA FELAVATÁSI ÜNNEPÉLYE
KASSA 1 9 3 9, XI. 5.

1939   KASSA – KOŠICE

1939. november 5-én a magyar királyi „Horthy Miklós Honvéd Repülő Akadémia" felavatási ünnepélyére a névadó Kassára érkezett.

1940   SZILICE – SILICA

1940-ben a Gömör vármegyei Szilice református közössége hitbéli beszélgetésre látta vendégül sorstársait. Az 1526-ban még katolikusnak felavatott templom egyházi zsinatnak is helyt adott.

Tábor felavatása

Szilicei ref. templom

Az első konferenciázók

Ipolyszalka   *Országzászló a róm. kath. templommal*

1940   IPOLYSZALKA – SALKA

A napjainkban is magyar lakosságú településen 1940 és '45 között állt az országzászló.

1940   KOMÁROM – KOMARNO

Magyar királyi Háziasszonyképző Iskola alakult Komáromban.

1941 KASSA – KOŠICE

1941. június 26-án 13 óra és 13 óra 20 perc közötti időpontban három, akkoriban meg nem állapítható nemzetiségű repülőgép bombatámadást hajtott végre Kassa ellen. A támadásnak 32 halálos áldozata, 60 súlyos és 200 könnyű sérültje volt. Magyarország miniszterelnöke ezt az alkalmat ragadta meg a hadiállapot kinyilvánítására a Szovjetúnióval. A történelemírás és átírás különböző német, román, szlovák provokációkról beszélt. A tények: a bombázás módja, a ledobott bombák súlya, mennyiségük egyértelművé teszik, hogy a végrehajtók a szovjet légierő IL 4-es vagy SZB 2 bombázói voltak. Egyértelmű az is, hogy a bombázókat nem Magyarország megtámadására küldték. Valószínű, hogy a bombázást az eperjesi repülőtérnek szánták (Szlovákia június 25-én üzent hadat a Szovjetuniónak). Az oroszos nagyvonalúságot ismerve az is elképzelhető, hogy az 1938-as határváltozások híre el sem jutott a szovjet frontbombázókhoz, és őnáluk Kassa Szlovákiához tartozott.

1945 KITELEPÍTÉS

1944. augusztusában a szlovákiai felkelés betiltandónak mondja a Magyar Nemzeti Pártot és a magyar nyelvű iskolákat.

1945. április 5. A kassai kormányprogram kimondja a németek és a magyarok kollektív háborús bűnösségét. Csak az a magyar és német maradhat csehszlovák állampolgár, aki igazolni tudja aktív antifasiszta múltját, a többiek elveszítik állampolgárságukat és minden egyéb jogukat. A magyar és német háborús bűnösök földjei állami tulajdonba mennek át. A program dönt a magyar tannyelvű iskolák bezárásáról.

1946.

A pozsonyi magyar anyanyelvűek jelentős részét kitelepítik lakásukból. 1946. augusztusáig Pozsonyli-
getfaluban táborlakók. 1945. augusztus 2. a Benes dekrétum rendelkezik a magyar anyanyelvűek nyug-
díjának és más állami járandóságának elvételéről. A magyar magánhivatalnokok elbocsáttatnak. 1945
őszén 9000 magyart kényszermunkára visznek. 1946. február 27. Megállapodás születik a csehszlovák-
magyar lakosságcseréről. A Magyarországról Csehszlovákiába csábított szegény szlovákokat gazdag fel-
vidéki magyarok vagyonával kárpótolják. A szerződésben Magyarország vállalja a háborús bűnösöknek
nyilvánítottak befogadását.

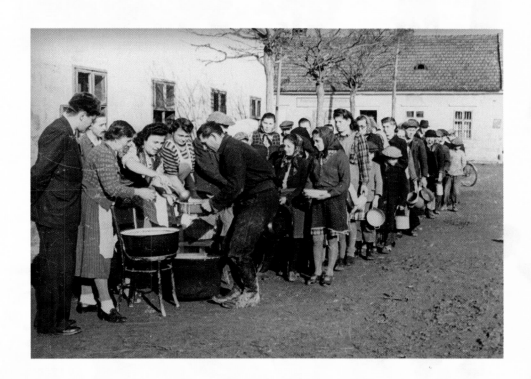

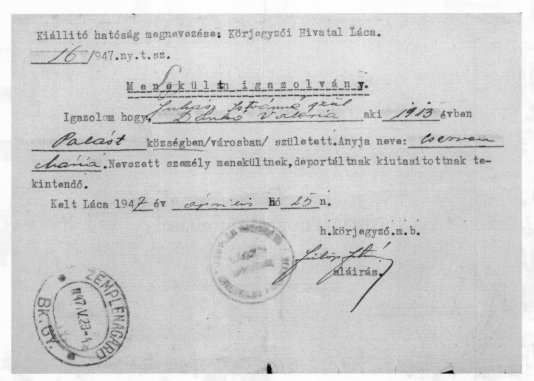

Kiállitó hatóság megnevezése: Körjegyzői Hivatal Láca.

_16_/1947.ny.t.sz.

M e n e k ü l t i g a z o l v á n y.

Igazolom hogy, _Juhász Istvánné szül Dankó Valéria_ aki _1913_ évben

Palást községben/városban/ született. Anyja neve: _Cserven_

Mária. Nevezett személy menekültnek, deportáltnak kiutasitottnak te-

kintendő.

Kelt Láca 194_7_ év _április_ hó _25_ n.

h.körjegyző.m.b.

aláirás.

Az elüldözötteket ilyen dokumentumokkal látták el.

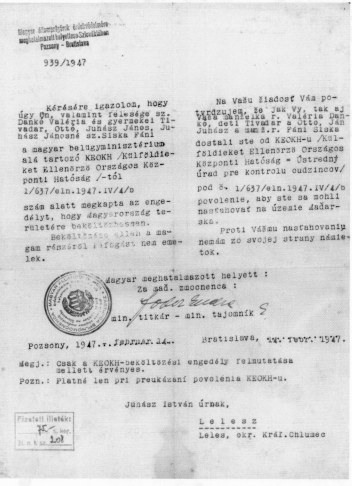

Magyar állampolgárok érdekvédelmére
meghatalmazott helyettese Szlovákiában
Pozsony - Bratislava

939/1947

Kérésére igazolom, hogy úgy Ön, valamint felesége sz. Dankó Valéria és gyermekei Tivadar, Otto, Juhász János, Juhász Jánosné sz.Siska Fáni a magyar belügyminisztérium alá tartozó KEOKH /Külföldieket Ellenörzö Országos Központi Hatóság /-tól 1/637/eln.1947.IV/4/b szám alatt megkapta az enge-délyt, hogy Magyarország te-rületére beköltözhessen.

Beköltözése ellen a ma-gam részéről kifogást nem eme-lek.

Na Vašu žiadosť Vám po-tvrdzujem, že Jak Vy, tak aj Vaša manželka r. Valéria Dan-kö, deti Tivadar a Otto, Ján Juhász a manž.r. Fáni Siska dostali ste od KEOKH-u /Kül-földieket Ellenörzö Országos Központní Hatóság = Ústredný úrad pre kontrolu cudzincov/ pod č. 1/637/eln.1947.IV/4/b povolenie, aby ste sa mohli nasťahovať na územie Maďar-ska.

Proti Vášmu nasťahovaniu nemám zo svojej strany námie-tok.

Magyar meghatalmazott helyett :
Za maď. zmocnenca :

min./titkár - min. tajomník

Pozsony, 1947. v. februar 14.   Bratislava, 14. febr. 1947.

Megj.: Csak a KEOKH-beköltözési engedély felmutatása mellett érvényes.
Pozn.: Platné len pri preukázaní povolenia KEOKH-u.

Juhász István úrnak,

L e l e s z
Leles, okr. Král.Chlumec

Fizetett illeték:

A cseh hatóságok 70 000 főt egyből háborús bűnösnek nyilvánítanak. 1946 novembere és 1947 februárja között 44 000 magyart Csehországba szállítanak munkára, fűtetlen marhavagonokban. 1947. április 29-ig a lakosságcsere keretében 60 257 szlovák, 76 616 magyar cserél országot. Az illegális magyar menekültek létszáma több tízezerre tehető. 1946-49 között a csehszlovák hatóságok nyomására 423 264 fő kéri reszlovakizációját. 326 679-en megkapják az engedélyt.

1947
DUNACSÚNY – ČUŇOVO
HORVÁTJÁRFALU – JAROVCE
OROSZVÁR – RUSOVCE

1947. május 20-án Pozsonyligetfalu és Horvátjárfalu között 90 amerikai fogságból hazatérő levente kifosztott holtestét találták szlovák területen.

1947. október 14. A magyar hatóságok a párizsi békeszerződés értelmében elhagyták a három falut. Másnap bevonultak a csehszlovákok.

1948. január 9–10-én a csehszlovák hadsereg véglegesen birtokba vette a területet. A helyiségek átadására a párizsi békeszerződés kötelezte Magyarországot (30 millió dollár kártérítés megfizetése mellett). A korabeli vélemények szerint a határeltolással Pozsonyt akarták a magyar ágyúk lőtávolából kivonni.

Kastély

Utcai részlet.

Üdvözlet Dunacsunról.

Gruß aus Horvat Jarfalu, Ungarn.

Az 1910-es adatok szerint:
Dunacsúny lakossága 688 fő (101 magyar, 84 német, 460 horvát. Vallásuk: 686 fő római katolikus)

Horvátjárfalu lakossága 647 fő (15 magyar, 108 német, 520 horvát. Vallásuk: 644 római katolikus)

Üdvözlet Oroszvárról.   Fő-tér.

Oroszvár lakossága 1802 fő (439 magyar, 1268 német, 30 szlovák. Vallásuk 1455 római katolikus, 312 evangélikus, 28 zsidó)

Oroszvár. Herceg Lónyay-kastély

Nyitra megyei legény:
A magyaroktól elcsatolva megtaláltad otthonod?